古典文獻研究輯刊

十六編

潘美月・杜潔祥 主編

第 1 冊

《十六編》總目

編 輯 部 編

南北朝散文引用《古文尚書》之研究

殷 永 全 著

國家圖書館出版品預行編目資料

南北朝散文引用《古文尚書》之研究／殷永全　著 — 初版 —
新北市：花木蘭文化出版社，2013〔民 102〕
目 2+112 面；19×26 公分
（古典文獻研究輯刊 十六編：第 1 冊）
ISBN：978-986-322-152-4（精裝）
1. 書經　2. 研究考訂
011.08　　　　　　　　　　　　　　　　　102002349

ISBN-978-986-322-152-4

9 789863 221524

古典文獻研究輯刊
十六編　第 一 冊　　　　　　　　ISBN：978-986-322-152-4

南北朝散文引用《古文尚書》之研究

作　　者　殷永全
主　　編　潘美月　杜潔祥
總 編 輯　杜潔祥
企劃出版　北京大學文化資源研究中心
出　　版　花木蘭文化出版社
發 行 所　花木蘭文化出版社
發 行 人　高小娟
聯絡地址　235 新北市中和區中安街七二號十三樓
　　　　　電話：02-2923-1455／傳真：02-2923-1452
網　　址　http://www.huamulan.tw 信箱 sut81518@gmail.com
印　　刷　普羅文化出版廣告事業
初　　版　2013 年 3 月
定　　價　十六編 30 冊（精裝）新台幣 50,000 元　　　　版權所有·請勿翻印

《十六編》總目

編輯部　編

《古典文獻研究輯刊》十六編　書目

經學文獻研究

第 一 冊　殷永全　南北朝散文引用《古文尚書》之研究

第 二 冊　何發甦　孔子與《尚書》

第 三 冊　蔡飛舟　經典釋文周易音義疏證（上）

第 四 冊　蔡飛舟　經典釋文周易音義疏證（中）

第 五 冊　蔡飛舟　經典釋文周易音義疏證（下）

第 六 冊　謝淑熙　黃以周《禮書通故》研究（上）

第 七 冊　謝淑熙　黃以周《禮書通故》研究（下）

第 八 冊　蔡雅如　劉文淇《左傳舊疏考正》研究

史學文獻研究

第 九 冊　趙晨嶺　《清史稿·本紀》纂修研究（上）

第 十 冊　趙晨嶺　《清史稿·本紀》纂修研究（下）

第十一冊　趙興勤　趙翼年譜長編·第一冊

第十二冊　趙興勤　趙翼年譜長編·第二冊

第十三冊　趙興勤　趙翼年譜長編·第三冊

第十四冊　趙興勤　趙翼年譜長編·第四冊

第十五冊　趙興勤　趙翼年譜長編·第五冊

諸子學文獻研究

第十六冊　仝衛敏　出土文獻與《商君書》綜合研究（上）

第十七冊　仝衛敏　出土文獻與《商君書》綜合研究（下）

出版史研究

　　第十八冊　　曹紅軍　　康雍乾三朝刻書機構研究

校勘學研究

　　第十九冊　　王華寶　　《史記》校勘研究
　　第二十冊　　黃偉豪　　陳垣《日知錄校注》研究——以注校史源為例

古籍整理研究

　　第二一冊　　葉正渤　　尚書古注便讀

佛教文獻研究

　　第二二冊　　黃守正　　明代《楞伽經》注疏研究

道教文獻研究

　　第二三冊　　翁常鋒　　《推背圖》研究（上）
　　第二四冊　　翁常鋒　　《推背圖》研究（下）

專題文獻研究

　　第二五冊　　洪德榮　　先秦符節研究（上）
　　第二六冊　　洪德榮　　先秦符節研究（下）
　　第二七冊　　陳一梅　　漢代文獻學及其思想研究
　　第二八冊　　葛曉愛　　《黃氏日抄》研究（上）
　　第二九冊　　葛曉愛　　《黃氏日抄》研究（下）

域外漢學研究

　　第三十冊　　彭衛民　　明清域外喪禮漢籍經眼錄

《十六編》各書作者簡介・提要・目次

第一冊　南北朝散文引用《古文尚書》之研究

作者簡介

　　殷永全，國立台北大學古典文獻學研究所碩士，發表〈柳宗元與晚出《古文尚書》〉（柳宗元國際學術研討會論文集，湖南：湖南人民出版社，2011 年 5 月）。台灣中央圖書館藏柳宗元《永洲八記》石刻拓本介紹（中國唐代文學學會第十六屆年會暨「唐代西域與文學」國際學術研討會，2012 年 8 月）。

提　要

　　本文蒐集南北朝散文中引用晉朝梅賾所獻之《古文尚書》，加以歸納與分析。

　　南北朝時期時間上稍晚於梅賾獻《書》，本文以文學中的散文爲範圍，研究其在南北朝散文中被引用之情形，當可有所發現。當今蒐集南北朝之單篇文章及個人文集以嚴可均（1762-1843）所輯之《全上古三代秦漢三國六朝文》（嚴可均校輯《全上古三代秦漢三國六朝文》（北京：中華書局，1958 年）。）最爲完備，是以本論文取材大體以該書爲主。

　　本文共分七章，第一章爲緒論。第二章如《尚書》名稱的由來；今文與古文《尚書》的來源；各種晚出《古文尚書》的版本。第三章至第七章，研究南、北朝散文引用《古文尚書》的情況，其中將引用《虞書》、《夏書》、《商書》分爲一章，引用《周書》分爲一章。編排方式是將各家文章中引用《古文尚書》的段落抄錄下來，然後指出其引用《古文尚書》的某篇及其意義，

再加上筆者之論述。各引用段落中，北朝以北魏、北齊、北周的順序排列。
南朝以宋、齊、梁、陳的順序排列。第七章爲結論，總述研究成果。

目　次

第一章　緒　論 ……………………………………………………………… 1
　第一節　前　言 ………………………………………………………… 1
　第二節　前人研究成果的檢討 ………………………………………… 3
　第三節　僞書的問題 …………………………………………………… 5
第二章　《尚書》的出現與流傳 ………………………………………… 11
　第一節　《尚書》的由來及《今古文尚書》的來源 ………………… 11
　　一、《尚書》的由來 ………………………………………………… 11
　　二、《今文尚書》的來源與流傳 …………………………………… 12
　　三、《古文尚書》的來源與流傳 …………………………………… 13
　第二節　《古文尚書》的出現與內容 ………………………………… 19
　　一、河內女子〈泰誓〉篇 …………………………………………… 19
　　二、東萊張霸「百兩篇尚書」本 …………………………………… 22
　　三、梅賾所獻《古文尚書》本 ……………………………………… 24
　　四、小結 ……………………………………………………………… 26
第三章　南朝散文引用《古文尚書》《虞書》、《夏書》、《商書》之研究 … 29
　第一節　引用《虞書》之研究 ………………………………………… 30
　　一、〈舜典〉 ………………………………………………………… 30
　　二、〈大禹謨〉 ……………………………………………………… 32
　第二節　引用《夏書》之研究 ………………………………………… 39
　　一、〈五子之歌〉 …………………………………………………… 39
　　二、〈胤征〉 ………………………………………………………… 39
　第三節　引用《商書》之研究 ………………………………………… 43
　　一、〈仲虺之誥〉 …………………………………………………… 43
　　二、〈湯誥〉 ………………………………………………………… 45
　　三、〈伊訓〉 ………………………………………………………… 55
　　四、〈太甲〉 ………………………………………………………… 56
　　五、〈咸有一德〉 …………………………………………………… 58
　　六、〈說命〉 ………………………………………………………… 59

第四章　南朝散文引用《古文尚書》《周書》之研究 ⋯⋯⋯⋯⋯⋯ 63

　第一節　引用〈周書〉之研究（上）⋯⋯⋯⋯⋯⋯⋯⋯⋯⋯⋯⋯ 63

　　一、〈泰誓〉⋯⋯⋯⋯⋯⋯⋯⋯⋯⋯⋯⋯⋯⋯⋯⋯⋯⋯⋯⋯⋯ 63

　　二、〈武成〉⋯⋯⋯⋯⋯⋯⋯⋯⋯⋯⋯⋯⋯⋯⋯⋯⋯⋯⋯⋯⋯ 66

　　三、〈微子之命〉⋯⋯⋯⋯⋯⋯⋯⋯⋯⋯⋯⋯⋯⋯⋯⋯⋯⋯⋯ 69

　　四、〈蔡仲之命〉⋯⋯⋯⋯⋯⋯⋯⋯⋯⋯⋯⋯⋯⋯⋯⋯⋯⋯⋯ 71

　第二節　引用〈周書〉之研究（下）⋯⋯⋯⋯⋯⋯⋯⋯⋯⋯⋯⋯ 73

　　一、〈周官〉⋯⋯⋯⋯⋯⋯⋯⋯⋯⋯⋯⋯⋯⋯⋯⋯⋯⋯⋯⋯⋯ 73

　　二、〈君陳〉⋯⋯⋯⋯⋯⋯⋯⋯⋯⋯⋯⋯⋯⋯⋯⋯⋯⋯⋯⋯⋯ 76

　　三、〈畢命〉⋯⋯⋯⋯⋯⋯⋯⋯⋯⋯⋯⋯⋯⋯⋯⋯⋯⋯⋯⋯⋯ 77

　　四、〈君牙〉⋯⋯⋯⋯⋯⋯⋯⋯⋯⋯⋯⋯⋯⋯⋯⋯⋯⋯⋯⋯⋯ 79

第五章　北朝散文引用《古文尚書》《虞書》、《夏書》、《商書》之研究 ⋯ 81

　第一節　引用《虞書》之研究 ⋯⋯⋯⋯⋯⋯⋯⋯⋯⋯⋯⋯⋯⋯⋯ 81

　　一、〈大禹謨〉⋯⋯⋯⋯⋯⋯⋯⋯⋯⋯⋯⋯⋯⋯⋯⋯⋯⋯⋯⋯ 81

　第二節　引用《夏書》之研究 ⋯⋯⋯⋯⋯⋯⋯⋯⋯⋯⋯⋯⋯⋯⋯ 83

　　一、〈五子之歌〉⋯⋯⋯⋯⋯⋯⋯⋯⋯⋯⋯⋯⋯⋯⋯⋯⋯⋯⋯ 83

　　二、〈胤征〉⋯⋯⋯⋯⋯⋯⋯⋯⋯⋯⋯⋯⋯⋯⋯⋯⋯⋯⋯⋯⋯ 84

　第三節　引用《商書》之研究 ⋯⋯⋯⋯⋯⋯⋯⋯⋯⋯⋯⋯⋯⋯⋯ 86

　　一、〈仲虺之誥〉⋯⋯⋯⋯⋯⋯⋯⋯⋯⋯⋯⋯⋯⋯⋯⋯⋯⋯⋯ 86

　　二、〈湯誥〉⋯⋯⋯⋯⋯⋯⋯⋯⋯⋯⋯⋯⋯⋯⋯⋯⋯⋯⋯⋯⋯ 87

　　三、〈伊訓〉⋯⋯⋯⋯⋯⋯⋯⋯⋯⋯⋯⋯⋯⋯⋯⋯⋯⋯⋯⋯⋯ 88

　　四、〈咸有一德〉⋯⋯⋯⋯⋯⋯⋯⋯⋯⋯⋯⋯⋯⋯⋯⋯⋯⋯⋯ 89

第六章　北朝散文引用《古文尚書》《周書》之研究 ⋯⋯⋯⋯⋯⋯ 93

　第一節　引用〈周書〉之研究（上）⋯⋯⋯⋯⋯⋯⋯⋯⋯⋯⋯⋯ 93

　　一、〈泰誓〉⋯⋯⋯⋯⋯⋯⋯⋯⋯⋯⋯⋯⋯⋯⋯⋯⋯⋯⋯⋯⋯ 93

　　二、〈武成〉⋯⋯⋯⋯⋯⋯⋯⋯⋯⋯⋯⋯⋯⋯⋯⋯⋯⋯⋯⋯⋯ 96

　　三、〈微子之命〉⋯⋯⋯⋯⋯⋯⋯⋯⋯⋯⋯⋯⋯⋯⋯⋯⋯⋯⋯ 97

　　四、〈蔡仲之命〉⋯⋯⋯⋯⋯⋯⋯⋯⋯⋯⋯⋯⋯⋯⋯⋯⋯⋯⋯ 98

　第二節　引用〈周書〉之研究（下）⋯⋯⋯⋯⋯⋯⋯⋯⋯⋯⋯⋯ 99

　　一、〈周官〉⋯⋯⋯⋯⋯⋯⋯⋯⋯⋯⋯⋯⋯⋯⋯⋯⋯⋯⋯⋯⋯ 99

　　二、〈君陳〉⋯⋯⋯⋯⋯⋯⋯⋯⋯⋯⋯⋯⋯⋯⋯⋯⋯⋯⋯⋯ 101

　　　三、〈君牙〉 ……………………………………………………………103

第七章　結　論 ……………………………………………………………105

參考文獻 ……………………………………………………………………107

第二冊　孔子與《尚書》

作者簡介

　　何發甦，1974 年 3 月生，江西南康人，文學學士，文學碩士，歷史學博士，主要研究方向爲中國古典文獻學、中國古代學術思想史。大學期間曾試圖從事文學創作，無果，畢業後任中學教員五年，曲折中亦得幸走上學術之路，省城京城，道路雖如如砥之周道，其直也如矢，而常有如臨深淵如履薄冰之感。磕碰中也總能向前走，是得遇良師益友故。讀點書，教點書，偶有體會，則欣欣然。不惑之年，更無他求，誠願遵先生之路。

提　要

　　孔子與《尚書》之關係，於經學史上置於孔子與六經之關係中。本書討論則專注於《尚書》學史，目的在於集中認識此一關係。因此，部份論述內容需要從孔子與六經之關係中剝離。

　　《尚書》學史大致有三大問題，一爲《尚書》的注疏闡釋問題，一爲《尚書》的眞僞問題，一爲孔子與《尚書》之關係問題。《尚書》的注疏闡釋工作一直在進行中，近年來清華簡《尚書》的整理將把該工作推向新的境地。《尚書》眞僞問題則成定讞，雖有學者提出質疑，但清華簡《尚書》的整理成果直接給予了回答。

　　而孔子與《尚書》之關係問題，漢唐以來直至現當代，則一直爭論不休，至今懸而不決。我們對此一二千餘年來爭論做出梳理，認爲目前宜遵從司馬遷、班固之意見，這是因爲後人之說多出推論，並無實據。

　　與其汲汲於必意愚誣之事，何如就《論語》之於《尚書》具體之引文、思想之比較作一實證辨析，庶幾能跳離刪編之辨而愈見孔子與《尚書》關係之密切者。何者？刪編之說，無見於《論語》及先秦他書，而孔子以《尚書》授生徒顯見於《論語》，此孔子之思想與《尚書》之思想比較之根據所在。其引《尚書》，雖則至少，然僅此數則亦能見其態度，斷章取義之說，於《詩》則可，於《書》則似未必全相稱。聯繫孔子時代之文獻實際，《尚書》德治思

想於孔子德治思想影響之顯著者，當爲思維模式。

目　次

序

緒　論 ……………………………………………………………………… 1

　　一、孔子與《尚書》之關係研究之學術背景 ………………………… 1

　　二、《論語》《尚書》二文獻之流傳 ………………………………… 2

　　三、論文之層次及其關係、撰寫目的 ………………………………… 14

第一章　學術界對於孔子與《尚書》關係問題的爭論 …………………… 15

　　第一節　由序《書》到爲《書》作序──從司馬遷到班固 ………… 15

　　第二節　因循舊說，異口同聲──從《大序》作者到劉知幾 ……… 26

　　第三節　懷疑與肯定，眞相與假相──從朱熹到陳第 ……………… 28

　　第四節　漢學奈何編次《書》，宋學無奈作《書序》──從朱鶴齡到章

　　　　　　太炎 ……………………………………………………………… 42

　　第五節　疑古求眞，信古存疑──從顧頡剛、馮友蘭到劉起釪 …… 66

　　本章小結 …………………………………………………………………… 77

第二章　《論語》引《書》若干問題考辨 ………………………………… 79

　　第一節　往哲時賢的研究述略 ………………………………………… 79

　　第二節　「書雲孝乎惟孝友于兄弟施於有政」考論 ………………… 81

　　第三節　「武王曰予有亂臣十人」考論 ……………………………… 89

　　第四節　「書雲高宗諒陰三年不言」考論 …………………………… 97

　　第五節　「堯曰」考論 ………………………………………………… 112

　　本章小結 …………………………………………………………………… 126

第三章　《尚書》與孔子的天命觀論略 …………………………………… 129

　　第一節　《尚書》反映的天命觀 ……………………………………… 130

　　第二節　春秋時期天命觀的變化 ……………………………………… 150

　　第三節　孔子的天命觀 ………………………………………………… 157

　　本章小結 …………………………………………………………………… 163

第四章　《尚書》與孔子德治思想之比較 ………………………………… 165

　　第一節　往哲時賢的研究述略 ………………………………………… 165

　　第二節　「德」字釋義 ………………………………………………… 177

　　第三節　《尚書》與孔子德治思想提出的歷史背景 ………………… 179

第四節　《尚書》與孔子德治思想的思想基礎 ⋯⋯⋯⋯⋯⋯ 198

第五節　德治之施德者與受德者 ⋯⋯⋯⋯⋯⋯⋯⋯⋯⋯⋯ 205

第六節　《尚書》與孔子德治思想之內容 ⋯⋯⋯⋯⋯⋯⋯⋯ 219

本章小結 ⋯⋯⋯⋯⋯⋯⋯⋯⋯⋯⋯⋯⋯⋯⋯⋯⋯⋯⋯⋯ 229

結語 ⋯⋯⋯⋯⋯⋯⋯⋯⋯⋯⋯⋯⋯⋯⋯⋯⋯⋯⋯⋯⋯⋯⋯⋯ 231

參考文獻 ⋯⋯⋯⋯⋯⋯⋯⋯⋯⋯⋯⋯⋯⋯⋯⋯⋯⋯⋯⋯⋯⋯ 235

後記 ⋯⋯⋯⋯⋯⋯⋯⋯⋯⋯⋯⋯⋯⋯⋯⋯⋯⋯⋯⋯⋯⋯⋯⋯ 243

第三、四、五冊　經典釋文周易音義疏證

作者簡介

蔡飛舟，一九八八年生，泉州晉江東石人。本科、碩士就讀福建師範大學文學院。從張善文先生學《易》、治經。工書。能詩詞。

提　要

《四庫全書總目》云：「《經典釋文》三十卷，唐陸元朗撰，元朗字德明，以字行。」是書「撰集五典、《孝經》、《論語》及《老》、《莊》、《爾雅》等音，古今並錄，經注畢詳，訓義兼辯，示傳一家之學。」「所採漢魏六朝音切凡二百六十餘家，又兼載諸儒之訓詁，證各本之異同。後來得以考見古義者，注疏以外，惟賴此書之存真，所謂殘膏剩馥，沾溉無窮者也。」《經典釋文》為解經而作，四庫入「五經總義類」，卷帙重，前人論說亦侈。昔者吳檢齋先生嘗撰《經典釋文序錄疏證》，辨章學術，攷鏡源流，於先唐經學史用力頗深。其學實開疏注《釋文》之風。某聿脩厥業，為第二卷〈周易音義〉作疏證。

先唐《易》注，傳世者尟。唐陸德明〈周易音義〉尚可闚觀一二，亦可謂吉光片羽。是書所採凡子夏、京房、荀爽、鄭玄等四十餘家音義。後儒藉之足以考見古義，輔佐擘經。清江藩曰：「六朝經學之書，散佚盡，惟《經典釋文》巋然獨存。」「其中〈周易音義〉最為精博。」故為〈周易音義〉作疏證，其義大焉。

疏證體例，要而言之，有如下數端：一、於《釋文》每條音義之下慎採前人校勘，以佐參省。二、《釋文》音讀，多存漢魏六朝之音，每一反切，疏證皆與中古比較，於語音之變遷、音義之關係，多有辨理。三、《釋文》異文，涉異體、古今、通假、誤等，疏證參覈傳世經典及出土材料，詳加考證，一

一擘析。四、《釋文》訓釋，多爲放失舊聞，疏證皆旁引典籍訓詁以昭其義，兼採歷代《易》注明之，《易》學分象數、義理二派，疏證不存門戶之見，凡於《釋文》之義可資佐證者，則愼採之。

疏證之作，若能有補益於學界，則庶幾矣。

目　次

上　冊
序　張善文
前　言 1
凡　例 21
經典釋文周易音義疏證 23
周易上經乾傳第一 24
　▤ 乾 30
　▤ 坤 67
　▤ 屯 83
　▤ 蒙 108
　▤ 需 122
　▤ 訟 132
　▤ 師 146
　▤ 比 154
　▤ 小畜 160
　▤ 履 168
周易上經泰傳第二 177
　▤ 泰 177
　▤ 否 192
　▤ 同人 195
　▤ 大有 202
　▤ 謙 214
　▤ 豫 225
　▤ 隨 239
　▤ 蠱 244
　▤ 臨 251

☲ 觀 254

中　冊

周易上經噬嗑傳第三 263

☲ 噬嗑 263

☲ 賁 274

☶ 剝 283

☷ 復 291

☰ 无妄 302

☶ 大畜 309

☶ 頤 320

☱ 大過 327

☵ 坎 334

☲ 離 346

周易下經咸傳第四 357

☱ 咸 357

☳ 恒 364

☶ 遯 367

☳ 大壯 373

☲ 晉 381

☷ 明夷 386

☲ 家人 394

☲ 睽 399

☵ 蹇 406

☳ 解 409

☶ 損 415

☴ 益 423

周易下經夬傳第五 427

☱ 夬 427

☰ 姤 440

☱ 萃 448

☷ 升 456

䷮困 ……………………………………………………………………… 459

䷯井 ……………………………………………………………………… 468

䷰革 ……………………………………………………………………… 479

䷱鼎 ……………………………………………………………………… 483

䷲震 ……………………………………………………………………… 491

䷳艮 ……………………………………………………………………… 498

䷴漸 ……………………………………………………………………… 503

䷵歸妹 …………………………………………………………………… 509

下　冊

周易下經豐傳第六 ……………………………………………………… 517

䷶豐 ……………………………………………………………………… 517

䷷旅 ……………………………………………………………………… 530

䷸巽 ……………………………………………………………………… 536

䷹兌 ……………………………………………………………………… 540

䷺渙 ……………………………………………………………………… 542

䷻節 ……………………………………………………………………… 547

䷼中孚 …………………………………………………………………… 549

䷽小過 …………………………………………………………………… 557

䷾既濟 …………………………………………………………………… 562

䷿未濟 …………………………………………………………………… 569

周易繫辭上第七 ………………………………………………………… 572

周易繫辭下第八 ………………………………………………………… 625

周易說卦第九 …………………………………………………………… 667

周易序卦第十 …………………………………………………………… 695

周易雜卦第十一 ………………………………………………………… 698

周易署例 ………………………………………………………………… 702

參考文獻 ………………………………………………………………… 719

經典釋文周易音義引人名、書名、篇名索引 ………………………… 735

後記 ……………………………………………………………………… 747

第六、七冊　黃以周《禮書通故》研究

作者簡介

　　謝淑熙，國立臺灣師範大學國文研究所教學碩士，市立臺北教育大學中國語文學系博士。曾任國立中壢家商國文科專任教師兼圖書館主任，1994 年度獲教育部中學人文及社會學科教學優良獎、桃園縣 Super 教師薪傳獎。現為市立臺北教育大學中國語文學系兼任助理教授、私立萬能科技大學通識中心兼任助理教、私立新生醫專通識中心兼任助理教授。研究領域為三禮學、清代經學。著有《道貫古今——孔子禮樂觀所蘊含之教育思想》、《過盡千帆——向文學園地漫溯》、《不畏浮雲遮望眼——回首教改來時路》等書，〈孔子禮樂思想的時代意義〉、〈《禮記·曲禮》中的人文關懷〉、〈閱讀教學與人文素養——以《論語》為例〉、〈伊藤長胤〈聖語述〉析論〉、〈鄭玄《禮記注》中《易》學思想探賾〉、〈王文錦《禮書通故》點校本析論〉等論文。

提　要

　　黃以周（1828～1899）身處晚清，世居浙江定海，其說秉持家學與古文經學家法，力主「古禮可行」、「聖學必有所承」，其巨著《禮書通故》辨彰前代禮說之失，考釋中國古代禮制、學制、職官、田賦、樂律、刑法、名物等，糾正舊注不少謬誤，具有崇高的學術價值。

　　本論文總共分九章進行論述：第一章緒論，說明研究動機與目的、相關文獻的探討、研究方法與步驟的說明。第二章晚清學術風氣與禮學之探討，說明晚清學術風氣之轉變與晚清學者對漢代經學之反思。第三章黃以周生平及其著作。第四章黃以周禮學思想探究，說明黃以周禮學思想背景、黃以周禮學思想之路徑。第五章《禮書通故》成書與傳承考述，說明《禮書通故》名義溯源、纂修經過、撰作動機與學術傳承。第六章以「援引古籍，不注出處」、「摘引諸說，不標姓名」、「引證經籍，改易內容」、「駁斥舊說，勘正訛誤」、「闡述禮義，文字互見」，說明《禮書通故》著作體例；以「訓詁文義，實事求是」、「深究群經，會通眾說」、「引述典籍，辨彰真偽」、「詳考禮制，審核精確」、「名物制度，圖文相輔」，說明《禮書通故》詮釋方法。第七章《禮書通故》禮學延伸研究，說明《通典》、《五禮通考》與《禮書通故》三者關係，《通典》、《五禮通考》與《禮書通故》之比較分析，《禮書通故》與《通典》、《五禮通考》相關議題研究。第八章《禮書通故》之學術價值，包括闡

揚古禮古制、訓詁經義文字、會通易禮學說、傳承晚清禮學。第九章結論，說明研究《禮書通故》之反思與未來之發展。最後，附上〈王文錦《禮書通故》點校本評介〉一文，以深化對《禮書通故》一書之認識，以開啓學術研究之新視野。

目　次

上　冊

第一章　緒　論 1
　第一節　研究動機與目的 2
　　一、研究動機 4
　　二、研究目的 5
　第二節　研究文獻與前人研究成果之探討 7
　　一、前人研究成果述略 8
　第三節　研究方法與步驟 15
　　一、研究方法 16
　　二、研究步驟 16
第二章　晚清學術風氣與禮學之探討 19
　第一節　晚清學術風氣之轉變 19
　　一、乾嘉學派之興盛 20
　　二、今文學之發皇 22
　第二節　晚清學者對漢代經學之反思 24
　　一、漢、宋之爭 25
　　二、漢、宋調和 26
　第三節　晚清禮學思想探微 30
　　一、晚清禮學著作概述 30
　　二、晚清禮學辨正概述 32
第三章　黃以周生平及其著作 35
　第一節　黃以周生平傳略 35
　第二節　黃以周之交遊 37
　第三節　黃以周之學思歷程 44
　　一、傳承家學 45
　　二、研治群經 46

　　　三、博文約禮 ……………………………………………… 47

　　第四節　黃以周著作概述 ………………………………… 49

　　　一、已刊刻之著作 ………………………………………… 50

　　　二、未刊行之著作 ………………………………………… 55

第四章　黃以周禮學思想探究 ………………………………… 63

　　第一節　禮學思想背景 …………………………………… 63

　　　一、浙東學派溯源 ………………………………………… 64

　　　二、浙東學派的發展 ……………………………………… 65

　　　三、浙東學派的學術譜系 ………………………………… 66

　　第二節　浙東學派之學術特點 …………………………… 67

　　　一、尊史 …………………………………………………… 68

　　　二、重禮學 ………………………………………………… 68

　　　三、爲學不立門戶：兼采漢、宋 ………………………… 69

　　第三節　黃以周禮學思想之路徑 ………………………… 70

　　　一、考辨《三禮》，正本清源 …………………………… 70

　　　二、詮釋禮義，兼采漢、宋 ……………………………… 72

　　　三、條貫大要，會通諸經 ………………………………… 75

　　　四、以禮解經，以禮代理 ………………………………… 77

第五章　《禮書通故》成書與傳承考述 ……………………… 81

　　第一節　《禮書通故》名義溯源 ………………………… 81

　　第二節　《禮書通故》撰作動機 ………………………… 83

　　　一、受父親與浙東學術之影響 …………………………… 83

　　　二、受晚清漢學宋學之爭之影響 ………………………… 84

　　　三、受兵燹擾攘政局動盪之影響 ………………………… 85

　　　四、讀秦蕙田《五禮通考》之影響 ……………………… 86

　　第三節　《禮書通故》纂修經過 ………………………… 89

　　第四節　《禮書通故》流傳版本 ………………………… 90

　　　一、《禮書通故》流傳版本概述 ………………………… 91

　　　二、《禮書通故》現今流傳之版本 ……………………… 92

　　第五節　《禮書通故》學術傳承考述 …………………… 93

　　　一、《禮書通故》與鄭玄《三禮注》相關議題考述 …… 93

二、《禮書通故》與《石渠奏義》相關議題考述 ⋯⋯⋯⋯⋯ 96

三、《禮書通故》與《五經異義》相關議題考述 ⋯⋯⋯⋯⋯ 99

四、《禮書通故》與《通典》相關議題考述 ⋯⋯⋯⋯⋯⋯⋯ 105

五、《禮書通故》與《禮書綱目》相關議題考述 ⋯⋯⋯⋯⋯ 107

六、《禮書通故》與《五禮通考》相關議題考述 ⋯⋯⋯⋯⋯ 111

第六章 《禮書通故》著作體例與詮釋方法探析 ⋯⋯⋯⋯⋯⋯ 115

第一節 《禮書通故》篇卷名稱 ⋯⋯⋯⋯⋯⋯⋯⋯⋯⋯⋯⋯ 115

一、篇卷名稱 ⋯⋯⋯⋯⋯⋯⋯⋯⋯⋯⋯⋯⋯⋯⋯⋯⋯⋯ 116

二、篇卷內容概述 ⋯⋯⋯⋯⋯⋯⋯⋯⋯⋯⋯⋯⋯⋯⋯⋯ 117

第二節 《禮書通故》著作體例 ⋯⋯⋯⋯⋯⋯⋯⋯⋯⋯⋯⋯ 121

一、援引古籍，不注出處 ⋯⋯⋯⋯⋯⋯⋯⋯⋯⋯⋯⋯⋯ 121

二、摘引諸說，不標姓名 ⋯⋯⋯⋯⋯⋯⋯⋯⋯⋯⋯⋯⋯ 124

三、引證經籍，改易內容 ⋯⋯⋯⋯⋯⋯⋯⋯⋯⋯⋯⋯⋯ 126

四、駁斥舊說，勘正訛誤 ⋯⋯⋯⋯⋯⋯⋯⋯⋯⋯⋯⋯⋯ 128

五、闡述禮義，文字互見 ⋯⋯⋯⋯⋯⋯⋯⋯⋯⋯⋯⋯⋯ 133

第三節 《禮書通故》詮釋方法 ⋯⋯⋯⋯⋯⋯⋯⋯⋯⋯⋯⋯ 135

一、訓詁文義，實事求是 ⋯⋯⋯⋯⋯⋯⋯⋯⋯⋯⋯⋯⋯ 135

二、深究群經，會通眾說 ⋯⋯⋯⋯⋯⋯⋯⋯⋯⋯⋯⋯⋯ 139

三、引述典籍，辨彰真偽 ⋯⋯⋯⋯⋯⋯⋯⋯⋯⋯⋯⋯⋯ 142

四、詳考禮制，審核精確 ⋯⋯⋯⋯⋯⋯⋯⋯⋯⋯⋯⋯⋯ 146

五、名物制度，圖文相輔 ⋯⋯⋯⋯⋯⋯⋯⋯⋯⋯⋯⋯⋯ 152

下 冊

第七章 《禮書通故》禮學延伸探討 ⋯⋯⋯⋯⋯⋯⋯⋯⋯⋯⋯ 157

第一節 《禮書通故》與《通典》、《五禮通考》三者關係 ⋯ 158

一、通論歷代典章制度 ⋯⋯⋯⋯⋯⋯⋯⋯⋯⋯⋯⋯⋯⋯ 158

二、會通歷代制度沿革 ⋯⋯⋯⋯⋯⋯⋯⋯⋯⋯⋯⋯⋯⋯ 159

第二節 《禮書通故》與《通典》之比較分析 ⋯⋯⋯⋯⋯⋯ 162

一、《通典》作者事略 ⋯⋯⋯⋯⋯⋯⋯⋯⋯⋯⋯⋯⋯⋯ 162

二、《通典》之體例 ⋯⋯⋯⋯⋯⋯⋯⋯⋯⋯⋯⋯⋯⋯⋯ 163

三、《通典》之學術價值 ⋯⋯⋯⋯⋯⋯⋯⋯⋯⋯⋯⋯⋯ 166

四、《禮書通故》與《通典》撰述比較 ⋯⋯⋯⋯⋯⋯⋯⋯ 170

　　　五、《禮書通故》與《通典‧禮典》篇卷名稱比較 ················· 172

　　第三節　《禮書通故》與《五禮通考》之比較分析 ················· 187

　　　一、《五禮通考》作者事略 ······························· 187

　　　二、《五禮通考》之體例 ······························· 188

　　　三、《五禮通考》之學術價值 ··························· 190

　　　四、《禮書通故》與《五禮通考》撰述比較 ··············· 193

　　　五、《禮書通故》與《五禮通考》篇卷名稱比較 ··········· 195

　　第四節　《禮書通故》禮學延伸研究 ··················· 201

　　　一、《禮書通故》與《通典》相關議題 ··············· 201

　　　二、《禮書通故》與《五禮通考》相關議題 ··········· 203

第八章　黃以周《禮書通故》之學術價值 ··············· 207

　　第一節　闡揚古禮古制 ······························· 208

　　　一、詮釋古禮古制，博采眾論 ····················· 209

　　　二、闡述名物制度，圖文相輔 ····················· 215

　　第二節　訓詁經義文字 ······························· 223

　　　一、融會各家注疏，訓詁經文 ····················· 224

　　　二、廣搜古籍經注，創新條例 ····················· 226

　　第三節　會通易禮學說 ······························· 230

　　　一、徵引群經疏證，詮釋《易》理 ················· 231

　　　二、駁議古籍舊注，發揮《易》理 ················· 233

　　第四節　傳承晚清禮學 ······························· 236

　　　一、集晚清禮學研究之大成 ······················· 237

　　　二、推動晚清禮學之傳承與流播 ··················· 239

第九章　結　論 ····································· 247

參考文獻 ··· 253

附錄：王文錦《禮書通故》點校本評介 ··················· 267

附　表

　　表一：黃以周之學行年表 ··························· 57

　　表二：《禮書通故》與《通典》撰述比較表 ··········· 170

　　表三：《禮書通故》與《通典‧禮典》篇卷名稱比較表 ··· 172

　　表四：《禮書通故》與《五禮通考》撰述比較表 ········· 193

　　表五：《禮書通故》與《五禮通考》篇卷名稱比較表 ⋯⋯⋯⋯⋯ 195

　　表六：〈喪服通故〉徵引古籍一覽表 ⋯⋯⋯⋯⋯⋯⋯⋯⋯⋯ 212

　　表七：〈六書通故〉徵引古籍一覽表 ⋯⋯⋯⋯⋯⋯⋯⋯⋯⋯ 228

　　表八：〈卜筮通故〉徵引古籍一覽表 ⋯⋯⋯⋯⋯⋯⋯⋯⋯⋯ 234

附　圖

　　圖一：《禮書通故》〈名物圖二〉 ⋯⋯⋯⋯⋯⋯⋯⋯⋯⋯⋯⋯ 222

　　圖二：《禮書通故》〈名物圖三〉 ⋯⋯⋯⋯⋯⋯⋯⋯⋯⋯⋯⋯ 222

第八冊　劉文淇《左傳舊疏考正》研究

作者簡介

　　蔡雅如，臺灣高雄市人，1986 年 10 月出生。國立臺北大學古典文獻與民俗藝術研究所碩士班畢業。研究專長為清代《左傳》文獻學研究。現任職於中央研究院中國文哲研究所，參與《經學研究論著目錄》之編輯工作。曾於《國文天地》天地書肆、學林人物專欄撰稿多篇，主要介紹當代學術新作與文史哲領域學人。

提　要

　　劉文淇，是出身於清代揚州地區的民間學者，乃為乾嘉考據學派的學者之一，亦是當時清代《左傳》學家。根據筆者所做之研究回顧，發現當今之研究，多聚焦於其劉氏一門三代之家學《左傳舊注疏證》。另一《左傳舊疏考正》則相對較少人關注。《左傳舊疏考正》亦為劉氏另一門家學的延續，其子劉毓崧亦有他部《考正》著作。故其學術意義重大。筆者所規劃的研究路徑，首先將以「劉文淇」個人之學經歷、師承、交遊與著述的文獻考察，進而瞭解劉文淇的成長背景、學習環境、師長與友人對他所造成的治學影響。再者，以「清代揚州學派」為研究視角，去探討影響劉文淇治學的學術風尚，其成因與特色為何。還有其撰書動機、撰書過程與體例。此外，討論阮元《十三經注疏校勘記》與《考正》所使用的方法異同。是歸納劉文淇《考正》之所使用的方法，筆者歸納有七大項。試以當今文獻學相關知識去補充劉文淇《考正》論述中，關於「引書」、「定本」、「輯佚」之部分。最後為結論。全文共分有六章：

　　第一章 緒論。為本論文之研究動機、研究界定與相關研究文獻回顧。

　　第二章 劉文淇之生平。以劉文淇之生平爲研究的切入點，由其生平事蹟、師承、交遊與著述等面向，討論劉文淇所身處的學術氛圍，如何對劉文淇的治學理念產生影響。

　　第三章 《左傳舊疏考正》的寫作動機、撰述過程與體例。第一節先討論唐代《五經正義》之修纂過程，再言清儒對《五經正義》之看法；第二節探討清代《左傳》學學風、《考正》與長編之成書時間點；第三節則言《考正》之體例。

　　第四章 《左傳舊疏考正》之內容。第一節討論清代揚州學者研究《十三經注疏》之傳統與特色。第二節探討《考正》之歸納《左傳正義》文字方法，有：本校法、他校法、以時代專用語詞考正、以疏文論述方式考正、以引書考正、以上下文意考正、以定本考正等項目討論之；第三節爲後世學者對《考正》之評價。

　　第五章 再議《左傳舊疏考正》之內容。第一節探討劉文淇《考正》中「引書」兩個立說的論述；第二節則是討論《考正》中另一個論述「定本」；第三節則是以「輯佚」之整理方法，討論清代「經學」與「輯佚」之關係。

　　第六章 結論。筆者試以「延續前賢對《十三經注疏》之研究」、「實事求是之治學精神」、「《考正》方法再突破」、「挑戰《正義》之權威性」等四項，再次彙整本論文研究成果。

目　次

第一章　緒　論 ……………………………………………………………… 1
　第一節　研究動機與目的 ………………………………………………… 2
　第二節　研究界定 ………………………………………………………… 4
　　（一）疏 ………………………………………………………………… 4
　　（二）「新」、「舊」疏之分 …………………………………………… 6
　　（三）「正」、「證」之別 ……………………………………………… 7
　第三節　研究文獻回顧 …………………………………………………… 7
　　（一）單篇論文 ………………………………………………………… 7
　　（二）學位論文 ………………………………………………………… 11
第二章　劉文淇之生平與著述 ……………………………………………… 15
　第一節　生平 ……………………………………………………………… 15
　　（一）青年時期（30 歲之前） ……………………………………… 15

（二）壯年時期（31 歲至 50 歲）·······································17
（三）老年時期（51 歲至 66 歲）·······································19
第二節　師承···19
（一）淩曙···19
（二）洪梧···21
（三）沈欽韓···22
（四）阮元···23
第三節　交遊···25
（一）劉寶楠···25
（二）薛傳均···27
（三）包氏兄弟···28
第四節　著述···29
（一）《春秋左氏傳舊注疏證》不分卷······························30
（二）《左傳舊疏考正》八卷···31
（三）《揚州水道記》四卷···31
（四）《楚漢諸侯疆域志》三卷···32
（五）《青溪舊屋文集》十卷、《詩集》一卷·····················32
（六）校勘《宋元鎮江府志》···33
（七）校勘《嘉定鎮江志》二十二卷首一卷附錄一卷校勘記
　　　二卷···34
（八）《舊唐書校勘記》六十六卷·····································34
（九）《輿地紀勝校勘記》五十二卷···································35
（十）纂修〔道光〕儀徵縣志五十卷首一卷·····················35
第三章　《左傳舊疏考正》之成書···37
第一節　《左傳舊疏考正》之寫作動機································37
（一）《五經正義》修纂過程···37
（二）清代學者對《五經正義》的看法·····························41
第二節　《左傳舊疏考正》之撰述過程································48
（一）清代《左傳》學風···48
（二）劉文淇與學人討論···50
（三）《考正》成書時間與長編···54

第三節 《左傳舊疏考正》之體例 56

第四章 《左傳舊疏考正》之內容 59
第一節 揚州學者研究《十三經注疏》 60
（一）揚州學派的經學傳統 60
（二）揚州學派之治學風尚 62
（三）比較《考正》與《十三經校勘記》之內容 ... 64
第二節 《左傳舊疏考正》之考正方法 69
（一）本校法 70
（二）他校法 72
（三）以時代專用語詞考正 74
（四）以疏文論述方式考正 76
（五）以引書考正 83
（六）以上、下文意考正 85
（七）以定本考正 87
第三節 《左傳舊疏考正》之評價 89

第五章 《左傳舊疏考正》研究再議 93
第一節 再議以書論述 94
（一）劉文淇指《正義》引《隋書》亡佚書爲舊疏 ... 94
（二）劉文淇稱劉炫無《春秋規過》一書 99
第二節 再議定本論述 102
（一）南北朝以來官方整理經籍之情形 102
（二）後世學者對「定本說」之議論 105
第三節 再議輯佚論述 108
（一）輯佚與清代經學 108
（二）邵瑛《春秋規過持平》與劉文淇《左傳舊疏考正》 ... 110

第六章 結論 115
（一）延續揚州學者對《十三經注疏》的研究 115
（二）繼承前賢實事求是的治學精神 116
（三）《考正》方法的突破與發展 117
（四）挑戰《正義》之權威性 119

參考文獻 121

第九、十冊 《清史稿·本紀》纂修研究

作者簡介

趙晨嶺，1978 年生於陝西。1996 年保送至中國人民大學歷史系文史哲實驗班，復保送清史研究所，師從楊念群教授。後考入該校歷史學院，師從徐兆仁教授攻讀史學理論及史學史，2012 年獲得博士學位。2003 年起在國家清史纂修領導小組辦公室工作，現爲助理研究員、任《清史參考》副主編。參與《清代宣南人物事略初編》、《大清皇室的多寶》等書撰寫，發表論文及其他文章 20 餘篇，編著的歷史人物傳記《甘羅》、《司馬光》曾先後在內地、臺灣和新加坡出版。

提　要

1914 年，北洋政府設立清史館纂修清史，於 1928 年刊行《清史稿》。通過對臺北故宮博物院《清史館未刊紀志表傳稿本專輯——本紀》進行梳理，基本上可以釐清《清史稿·本紀》部分的纂修過程。《清史稿·本紀》纂修經歷了初稿編纂、校訂覆編及總閱覆勘三個階段。金兆蕃與鄧邦述一起編纂了前五朝本紀初稿，吳廷燮編纂中間五朝，瑞洵編纂最後兩朝。奭良校訂了太祖、聖祖、仁宗、文宗、宣統皇帝本紀。李哲明校訂了穆宗本紀。德宗本紀是奭良和李哲明一起校訂的。奭良還和柯劭忞一起校訂了太宗本紀，並單獨校注了世祖本紀。金兆蕃覆校了奭良覆編的世宗本紀，還和柯劭忞一起進行了太祖本紀的覆勘。柯劭忞負責十二朝本紀的總閱工作。

作爲傳統紀傳體史書的《清史稿》，皇帝的言行事主要在其本紀中記載。通過分析稿本文字及修改情況，可知史家在本紀編纂過程中，通過增刪史事、改變用語等手法，根據自己的史觀塑造出史書中的皇帝形象。

《清史稿》之訛誤一直爲人詬病，通過對《清史稿校註》所指出問題與本紀稿本的比較與統計，可知《清史稿·本紀》審改在改正硬傷方面是失敗的。鑒於當時修史面臨的時局動蕩、經費不濟等客觀條件，不能苛責前人，但其中經驗教訓應引以爲鑒。

目　次

上　冊

緒　論 1

　0.1 選題探討 1

0.1.1 研究物件界定 1

0.1.2 選題依據 1

0.2 學術回顧 2

0.2.1 已獲得的文獻 2

0.2.2 研究趨勢與存在問題 5

0.3 研究方法 6

0.4 撰述旨趣 6

第1章 清史館的建立與本紀編纂隊伍的組織 9

1.1 清史館的建立 9

1.2 本紀體例的討論 11

1.2.1 關於本紀的篇目設置 11

1.2.2 關於本紀的取材與寫法 12

1.3 本紀編纂隊伍的組織與分工 13

第2章 《清史稿·本紀》編纂述論 19

2.1《太祖本紀》 19

2.1.1《太祖本紀》稿本的基本情況 19

2.1.2《太祖本紀》的修改過程 20

2.2《太宗本紀》 24

2.2.1《太宗本紀》稿本的基本情況 24

2.2.2《太宗本紀》稿本的修改情況 25

2.3《世祖本紀》 31

2.3.1《世祖本紀》稿本的基本情況 31

2.3.2《世祖本紀上、下》審改分析 31

2.3.3《世祖本紀上、下校注》分析 35

2.4《聖祖本紀》 38

2.4.1《聖祖本紀》稿本的基本情況 38

2.4.2 奭良夾簽分析 39

2.4.3 金兆蕃夾簽分析 58

2.5《世宗本紀》 58

2.5.1《世宗本紀》稿本的基本情況 58

2.5.2 從原稿本到覆輯本 59

2.6《高宗本紀》 63

  2.6.1《高宗本紀》稿本的基本情況 63

  2.6.2 從原稿本到修改本 63

2.7《仁宗本紀》 68

  2.7.1《仁宗本紀》稿本的基本情況 68

  2.7.2 從稿本到《清史稿・仁宗本紀》 69

2.8《宣宗本紀》 70

  2.8.1《宣宗本紀》稿本的基本情況 70

  2.8.2 原稿本內容 71

  2.8.3 修改本內容 72

2.9《文宗本紀》 74

  2.9.1《文宗本紀》稿本的基本情況 74

  2.9.2 吳廷燮原稿本 75

  2.9.3 奭良覆輯本 77

2.10《穆宗本紀》 79

  2.10.1《穆宗本紀》稿本的基本情況 79

  2.10.2 吳廷燮原稿本 80

  2.10.3 李哲明覆輯本 81

2.11《德宗本紀》 82

  2.11.1《德宗本紀》稿本的基本情況 82

  2.11.2　432 稿本 83

  2.11.3　435 稿本 84

  2.11.4　503 稿本 89

  2.11.5 瑞洵編纂過程及相關人物史事表述 91

2.12《宣統皇帝本紀》 94

  2.12.1《宣統皇帝本紀》稿本的基本情況 94

  2.12.2 瑞洵原稿本 95

  2.12.3 奭良覆輯本 101

第 3 章　《清史稿・本紀》編纂中對皇帝形象的刻畫 103

3.1 努爾哈赤 103

  3.1.1 金兆蕃涉及人物形象刻畫的修史思想 103

3.1.2《太祖本紀》稿本對努爾哈赤形象的刻畫 ················ 104

3.2 皇太極 ·· 107

　　3.2.1《太宗本紀》稿本與柯劭忞的審改原則 ············· 107

　　3.2.2《太宗本紀》審改對皇太極形象的影響 ············· 108

3.3 福臨 ··· 113

　　3.3.1《世祖本紀》稿本的開篇 ····························· 113

　　3.3.2《世祖本紀》稿本的論贊 ····························· 114

　　3.3.3《世祖本紀上、下校注》中的福臨形象刻畫 ········· 115

3.4 玄燁 ··· 116

　　3.4.1《聖祖本紀》稿本的開篇 ····························· 116

　　3.4.2《聖祖本紀》稿本的論贊 ····························· 117

　　3.4.3 其他有關玄燁形象刻畫的內容 ······················ 120

3.5 胤禛 ··· 128

　　3.5.1《世宗本紀》稿本的開篇 ····························· 128

　　3.5.2《世宗本紀》稿本的論贊 ····························· 129

　　3.5.3 其他有關胤禛形象刻畫的內容 ······················ 130

3.6 弘曆 ··· 130

　　3.6.1《高宗本紀》稿本的開篇 ····························· 130

　　3.6.2《高宗本紀》稿本的論贊 ····························· 131

　　3.6.3 其他有關弘曆形象刻畫的內容 ······················ 131

3.7 顒琰 ··· 133

　　3.7.1《仁宗本紀》稿本的開篇 ····························· 133

　　3.7.2《仁宗本紀》的論贊 ································· 134

　　3.7.3 其他有關顒琰形象刻畫的內容 ······················ 134

3.8 旻寧 ··· 135

　　3.8.1《宣宗本紀》稿本的開篇 ····························· 135

　　3.8.2《宣宗本紀》稿本的論贊 ····························· 136

　　3.8.3 其他有關旻寧形象刻畫的內容 ······················ 137

3.9 奕詝 ··· 137

　　3.9.1《文宗本紀》稿本的開篇 ····························· 137

　　3.9.2《文宗本紀》稿本的論贊 ····························· 138

　　　3.9.3 其他有關奕訢形象刻畫的內容 ··················138

　　3.10 載淳 ····································139

　　　3.10.1《穆宗本紀》稿本的開篇 ····················139

　　　3.10.2《穆宗本紀》稿本的論贊 ····················140

　　　3.10.3 其他有關載淳形象刻畫的內容 ···············141

　　3.11 載湉 ····································141

　　　3.11.1《德宗本紀》稿本的開篇 ····················141

　　　3.11.2《德宗本紀》稿本的論贊 ····················142

　　　3.11.3 其他有關載湉形象刻畫的內容 ···············143

　　3.12《清史稿‧本紀》論贊編纂通論 ·················143

　　　3.12.1《清史稿》論贊編纂的理論 ··················143

　　　3.12.2《清史稿‧本紀》論贊編纂的實踐 ············144

第 4 章　結論：修史機制與《清史稿‧本紀》失誤成因 ······145

附　錄

　　附表 1：《清史稿校註》所指出《太祖本紀》問題一覽表 ····149

　　附表 2：《清史稿校註》所指出《太宗本紀》問題一覽表 ····155

　　附表 3：《清史稿校註》所指出《世祖本紀》問題一覽表 ····165

　　附表 4：《清史稿校註》所指出《聖祖本紀》問題一覽表 ····183

　　附表 5：《清史稿校註》所指出《世宗本紀》問題一覽表 ····239

下　冊

　　附表 6：《清史稿校註》所指出《高宗本紀》問題一覽表 ····251

　　附表 7：《清史稿校註》所指出《仁宗本紀》問題一覽表 ····319

　　附表 8：《清史稿校註》所指出《宣宗本紀》問題一覽表 ····333

　　附表 9：《清史稿校註》所指出《文宗本紀》問題一覽表 ····366

　　附表 10：《清史稿校註》所指出《穆宗本紀》問題一覽表 ···397

　　附表 11：《清史稿校註》所指出《德宗本紀》問題一覽表 ···457

　　附表 12：《清史稿校註》所指出《宣統皇帝本紀》問題一覽表 ·499

參考文獻 ·······································511

跋 ··515

第十一、十二、十三、十四、十五冊　趙翼年譜長編

作者簡介

趙興勤，1949 年 7 月生，江蘇沛縣人，江蘇師範大學文學院教授，中國古代文學、戲劇戲曲學研究生導師。兼任中國元好問學會理事、中國《金瓶梅》研究會（籌）理事、江蘇省明清小說研究會副會長、《西遊記》研究分會常務理事、常州市趙翼研究會副會長等職。已出版的學術著作有《古代小說與倫理》、《明清小說論稿》、《趙翼評傳》（南京大學版）、《中國古典戲曲小說考論》、《古代小說與傳統倫理》、《趙翼評傳》（江蘇人民版）、《理學思潮與世情小說》、《元遺山研究》、《話說〈封神演義〉》、《趙翼研究資料匯編》等 17種，主編、參編《中國風俗大辭典》、《中國古代戲曲名著鑒賞辭典》等 30 餘種，在海峽兩岸發表論文 150 餘篇。

提　要

趙翼（1727～1814），字雲松，號甌北，晚號三半老人，江蘇陽湖（今江蘇常州武進）人，為清中葉著名文學家、史學家，與袁枚、蔣士銓並稱「乾隆三大家」，其歷史貢獻很值得深入探究。本譜正文每年下分「時事」、「本事」兩部分。「時事」在前，主要交代本年國內重要政事及文人活動，特別是與譜主生平、思想相關之重大事件、人物活動，以俾讀者深入理解，並盡可能還原歷史語境、回到歷史現場。「本事」列後，以譜主詩歌為主要線索，酌參《甌北先生年譜》、《西蓋趙氏宗譜》、史志碑傳及清代各家別集、筆記、年譜、日記等，舉凡譜主參與之政事及交遊、唱酬乃至生活瑣屑，可考者均一一入錄，不憚詳細。力圖以豐贍翔實之歷史資料，將譜主籠罩於宏觀、多維背景之下，對其心路歷程作熨帖式的回味與咀嚼，以期真實勾勒甌北思想演化的軌，展現譜主精神世界裏豐富而又矛盾的種種面相。甌北交遊廣闊，作品中出現的人物以數百計，凡史籍載有「本傳」或資料較易查覓者，本譜一般只作交代性述；凡不甚著名，尤其是古籍所載有誤或近年出版的相關著述漏收或誤考者，則儘量蒐羅剔抉，詳加考訂，以補苴漏。從一定意義上講，本譜既是一本趙翼之詳盡年譜，亦是一部譜主作品之編年稿，還可視為迄今最為全面的甌北交遊叢考。本譜融史料與史識為一體，甄別史實之精，廓清積溷之勤，排比年月之細，考訂事之詳，引經據典之專，澄明發覆之功，反映了當前趙翼史實研究的現狀與水平。本譜與《趙翼研究資料彙編》同時發行，是作者

兩部《趙翼評傳》的後續之作，堪稱目前海內外趙翼研究方面頗具代表性的成果。

目 次

第一冊

附 圖

前 言 ………………………………………………………………… 1

凡 例 ………………………………………………………………… 5

趙氏世系圖略 …………………………………………………… 9

　雍正五年丁未（1727）一歲 ………………………………… 27

　雍正六年戊申（1728）二歲 ………………………………… 28

　雍正七年己酉（1729）三歲 ………………………………… 28

　雍正八年庚戌（1730）四歲 ………………………………… 30

　雍正九年辛亥（1731）五歲 ………………………………… 31

　雍正十年壬子（1732）六歲 ………………………………… 32

　雍正十一年癸丑（1733）七歲 ……………………………… 33

　雍正十二年甲寅（1734）八歲 ……………………………… 35

　雍正十三年乙卯（1735）九歲 ……………………………… 37

　乾隆元年丙辰（1736）十歲 ………………………………… 39

　乾隆二年丁巳（1737）十一歲 ……………………………… 43

　乾隆三年戊午（1738）十二歲 ……………………………… 45

　乾隆四年己未（1739）十三歲 ……………………………… 47

　乾隆五年庚申（1740）十四歲 ……………………………… 50

　乾隆六年辛酉（1741）十五歲 ……………………………… 52

　乾隆七年壬戌（1742）十六歲 ……………………………… 55

　乾隆八年癸亥（1743）十七歲 ……………………………… 57

　乾隆九年甲子（1744）十八歲 ……………………………… 59

　乾隆十年乙丑（1745）十九歲 ……………………………… 63

　乾隆十一年丙寅（1746）二十歲 …………………………… 68

　乾隆十二年丁卯（1747）二十一歲 ………………………… 69

　乾隆十三年戊辰（1748）二十二歲 ………………………… 75

　乾隆十四年己巳（1749）二十三歲 ………………………… 78

乾隆十五年庚午（1750）二十四歲⋯⋯⋯⋯⋯⋯⋯⋯⋯⋯⋯⋯⋯⋯⋯⋯ 88

乾隆十六年辛未（1751）二十五歲⋯⋯⋯⋯⋯⋯⋯⋯⋯⋯⋯⋯⋯⋯⋯⋯ 96

乾隆十七年壬申（1752）二十六歲⋯⋯⋯⋯⋯⋯⋯⋯⋯⋯⋯⋯⋯⋯⋯⋯ 99

乾隆十八年癸酉（1753）二十七歲⋯⋯⋯⋯⋯⋯⋯⋯⋯⋯⋯⋯⋯⋯⋯⋯ 103

乾隆十九年甲戌（1754）二十八歲⋯⋯⋯⋯⋯⋯⋯⋯⋯⋯⋯⋯⋯⋯⋯⋯ 108

乾隆二十年乙亥（1755）二十九歲⋯⋯⋯⋯⋯⋯⋯⋯⋯⋯⋯⋯⋯⋯⋯⋯ 119

乾隆二十一年丙子（1756）三十歲⋯⋯⋯⋯⋯⋯⋯⋯⋯⋯⋯⋯⋯⋯⋯⋯ 128

乾隆二十二年丁丑（1757）三十一歲⋯⋯⋯⋯⋯⋯⋯⋯⋯⋯⋯⋯⋯⋯⋯ 140

乾隆二十三年戊寅（1758）三十二歲⋯⋯⋯⋯⋯⋯⋯⋯⋯⋯⋯⋯⋯⋯⋯ 153

乾隆二十四年己卯（1759）三十三歲⋯⋯⋯⋯⋯⋯⋯⋯⋯⋯⋯⋯⋯⋯⋯ 167

乾隆二十五年庚辰（1760）三十四歲⋯⋯⋯⋯⋯⋯⋯⋯⋯⋯⋯⋯⋯⋯⋯ 180

乾隆二十六年辛巳（1761）三十五歲⋯⋯⋯⋯⋯⋯⋯⋯⋯⋯⋯⋯⋯⋯⋯ 190

乾隆二十七年壬午（1762）三十六歲⋯⋯⋯⋯⋯⋯⋯⋯⋯⋯⋯⋯⋯⋯⋯ 201

乾隆二十八年癸未（1763）三十七歲⋯⋯⋯⋯⋯⋯⋯⋯⋯⋯⋯⋯⋯⋯⋯ 212

第二冊

乾隆二十九年甲申（1764）三十八歲⋯⋯⋯⋯⋯⋯⋯⋯⋯⋯⋯⋯⋯⋯⋯ 221

乾隆三十年乙酉（1765）三十九歲⋯⋯⋯⋯⋯⋯⋯⋯⋯⋯⋯⋯⋯⋯⋯⋯ 241

乾隆三十一年丙戌（1766）四十歲⋯⋯⋯⋯⋯⋯⋯⋯⋯⋯⋯⋯⋯⋯⋯⋯ 257

乾隆三十二年丁亥（1767）四十一歲⋯⋯⋯⋯⋯⋯⋯⋯⋯⋯⋯⋯⋯⋯⋯ 282

乾隆三十三年戊子（1768）四十二歲⋯⋯⋯⋯⋯⋯⋯⋯⋯⋯⋯⋯⋯⋯⋯ 299

乾隆三十四年己丑（1769）四十三歲⋯⋯⋯⋯⋯⋯⋯⋯⋯⋯⋯⋯⋯⋯⋯ 322

乾隆三十五年庚寅（1770）四十四歲⋯⋯⋯⋯⋯⋯⋯⋯⋯⋯⋯⋯⋯⋯⋯ 342

乾隆三十六年辛卯（1771）四十五歲⋯⋯⋯⋯⋯⋯⋯⋯⋯⋯⋯⋯⋯⋯⋯ 365

乾隆三十七年壬辰（1772）四十六歲⋯⋯⋯⋯⋯⋯⋯⋯⋯⋯⋯⋯⋯⋯⋯ 381

乾隆三十八年癸巳（1773）四十七歲⋯⋯⋯⋯⋯⋯⋯⋯⋯⋯⋯⋯⋯⋯⋯ 410

乾隆三十九年甲午（1774）四十八歲⋯⋯⋯⋯⋯⋯⋯⋯⋯⋯⋯⋯⋯⋯⋯ 429

乾隆四十年乙未（1775）四十九歲⋯⋯⋯⋯⋯⋯⋯⋯⋯⋯⋯⋯⋯⋯⋯⋯ 434

乾隆四十一年丙申（1776）五十歲⋯⋯⋯⋯⋯⋯⋯⋯⋯⋯⋯⋯⋯⋯⋯⋯ 444

乾隆四十二年丁酉（1777）五十一歲⋯⋯⋯⋯⋯⋯⋯⋯⋯⋯⋯⋯⋯⋯⋯ 451

第三冊

乾隆四十三年戊戌（1778）五十二歲⋯⋯⋯⋯⋯⋯⋯⋯⋯⋯⋯⋯⋯⋯⋯ 461

乾隆四十四年己亥（1779）五十三歲 ……………………… 474

乾隆四十五年庚子（1780）五十四歲 ……………………… 496

乾隆四十六年辛丑（1781）五十五歲 ……………………… 510

乾隆四十七年壬寅（1782）五十六歲 ……………………… 520

乾隆四十八年癸卯（1783）五十七歲 ……………………… 533

乾隆四十九年甲辰（1784）五十八歲 ……………………… 544

乾隆五十年乙巳（1785）五十九歲 ………………………… 570

乾隆五十一年丙午（1786）六十歲 ………………………… 600

乾隆五十二年丁未（1787）六十一歲 ……………………… 624

乾隆五十三年戊申（1788）六十二歲 ……………………… 635

乾隆五十四年己酉（1789）六十三歲 ……………………… 659

乾隆五十五年庚戌（1790）六十四歲 ……………………… 667

乾隆五十六年辛亥（1791）六十五歲 ……………………… 687

第四冊

乾隆五十七年壬子（1792）六十六歲 ……………………… 701

乾隆五十八年癸丑（1793）六十七歲 ……………………… 725

乾隆五十九年甲寅（1794）六十八歲 ……………………… 749

乾隆六十年乙卯（1795）六十九歲 ………………………… 756

嘉慶元年丙辰（1796）七十歲 ……………………………… 773

嘉慶二年丁巳（1797）七十一歲 …………………………… 792

嘉慶三年戊午（1798）七十二歲 …………………………… 822

嘉慶四年己未（1799）七十三歲 …………………………… 844

嘉慶五年庚申（1800）七十四歲 …………………………… 857

嘉慶六年辛酉（1801）七十五歲 …………………………… 879

嘉慶七年壬戌（1802）七十六歲 …………………………… 910

第五冊

嘉慶八年癸亥（1803）七十七歲 …………………………… 927

嘉慶九年甲子（1804）七十八歲 …………………………… 947

嘉慶十年乙丑（1805）七十九歲 …………………………… 970

嘉慶十一年丙寅（1806）八十歲 …………………………… 984

嘉慶十二年丁卯（1807）八十一歲 ………………………… 1006

嘉慶十三年戊辰（1808）八十二歲 ⋯⋯⋯⋯⋯⋯⋯⋯⋯ 1020

嘉慶十四年己巳（1809）八十三歲 ⋯⋯⋯⋯⋯⋯⋯⋯⋯ 1041

嘉慶十五年庚午（1810）八十四歲 ⋯⋯⋯⋯⋯⋯⋯⋯⋯ 1056

嘉慶十六年辛未（1811）八十五歲 ⋯⋯⋯⋯⋯⋯⋯⋯⋯ 1069

嘉慶十七年壬申（1812）八十六歲 ⋯⋯⋯⋯⋯⋯⋯⋯⋯ 1074

嘉慶十八年癸酉（1813）八十七歲 ⋯⋯⋯⋯⋯⋯⋯⋯⋯ 1079

嘉慶十九年甲戌（1814）八十八歲 ⋯⋯⋯⋯⋯⋯⋯⋯⋯ 1086

主要人名索引 ⋯⋯⋯⋯⋯⋯⋯⋯⋯⋯⋯⋯⋯⋯⋯⋯⋯⋯⋯ 1089

主要參考文獻 ⋯⋯⋯⋯⋯⋯⋯⋯⋯⋯⋯⋯⋯⋯⋯⋯⋯⋯⋯ 1121

後記 ⋯⋯⋯⋯⋯⋯⋯⋯⋯⋯⋯⋯⋯⋯⋯⋯⋯⋯⋯⋯⋯⋯⋯ 1143

第十六、十七冊　出土文獻與《商君書》綜合研究

作者簡介

　　仝衛敏，女，1978 年生，陝西戶縣人。1997 年 9 月至 2007 年 7 月就讀於北京師範大學歷史學院，先後獲得本科、碩士和博士學位。主要從事先秦史研究，現任職於北京師範大學圖書館，副研究館員。

提　要

　　《商君書》，亦名《商君》、《商子》，漢代傳世 29 篇，今實存 24 篇，內容涉及商鞅及其後法家人物關於治道的理論和措施等。縱觀前人對《商君書》的研究，一個迄今尚未合理解決的問題，即關於該書各篇的成書時代問題。另外，與多數子書不同，《商君書》各篇體例不純，既有關於個人或學派觀點之陳述，又有涉及政令、法規、制度者。因此，只有通過綜合研究我們才能對《商君書》的內容及性質有比較完整的認識。按照這一思路，全書分上、下編兩大部分。

　　上編主要探討商鞅和《商君書》的成書問題。第一章分析考察了商鞅生平的重要階段及學術淵源，力圖把握《商君書》的思想來源；第二章至第六章通過內、外考證相結合的方法對《商君書》的成書時代作分篇考證，得出的結論是：今本《商君書》中的《畫策》、《錯法》、《徠民》、《賞刑》、《慎法》、《弱民》等六篇成書分別在秦惠文王至秦昭王時期，是商鞅後學所作；《定分篇》成書最晚，約在秦始皇即位之初，作者疑爲秦御史一類的官員；除此七

篇外，其餘篇章集中反映了商鞅本人的思想，或出自商鞅之手，或爲親聞商鞅之教的門人或私徒屬所作，或出自秦史官之手，被後人編入《商君書》中。因此，《商君書》基本上可以視爲商鞅及其學派的著作。

下編分三章，探討《商君書》中的制度和思想。第一章採取出土材料與傳世文獻二重比較的方法，對《商君書》中所涉及田制、爵制等相關制度進行考證，力圖揭示該書各篇作者如何應對時勢、如何化思想爲制度，最終推動秦的統一進程。第二、三章主要分析《商君書》的思想，具體包括五個方面：《商君書》的理論基礎是變易的歷史觀和人性論，「尚公」和國家本位是全書政治思想的主要特點，商鞅重法，但《商君書》對「勢」和「術」的論述也在法家思想當中獨具特色；驅民于農是《商君書》重農思想的核心；強調政勝爲戰勝之本是《商君書》軍事思想的重要特徵。

目　次

上　冊

緒　論 1

　一、《商君書》研究現狀 3

　二、商鞅與《商君書》 17

　三、本文的研究思路與研究方法 28

上編　《商君書》分篇成書時代考證 31

　引言　分篇考證之意義 33

第一章　商鞅生平及其思想傳承考析 35

　第一節　商鞅生平考析 35

　第二節　商鞅思想傳承考析 62

第二章　《商君書》分篇成書時代考證（上） 69

　第一節　「治世不一道，便國不必法古」——《更法篇》 69

　第二節　「爲國之數，務在墾草」——《墾令篇》 81

　第三節　治國作壹，以農戰爲教——《農戰篇》 96

　第四節　「有道之國，務在弱民」——《去彊篇》與《說民篇》

　　　　　　《弱民篇》 103

　第五節　「任地待役之律」——《算地篇》 124

　第六節　「效於今者前刑而法」——《開塞篇》 131

第三章　《商君書》分篇成書年代考證（中） 139

第一節　壹民務于農戰——《壹言篇》 ⋯⋯⋯⋯⋯⋯⋯⋯ 139

第二節　「錯法」爲治之本——《錯法篇》 ⋯⋯⋯⋯⋯⋯ 143

第三節　攻守之道——《戰法》、《立本》、《兵守》 ⋯⋯⋯ 146

第四節　任法而治，爵賞農戰——《靳令篇》 ⋯⋯⋯⋯⋯ 154

第五節　「公私之交，存亡之本也」——《修權篇》 ⋯⋯⋯ 163

第六節　「徠三晉之民，而使之事本」——《徠民篇》 ⋯⋯ 168

第七節　重刑厚賞、驅民于戰——《賞刑篇》 ⋯⋯⋯⋯⋯ 179

下　冊

第四章　《商君書》分篇成書時代考證（下） ⋯⋯⋯⋯⋯⋯ 185

第一節　「法必明，令必行」——《畫策篇》 ⋯⋯⋯⋯⋯ 185

第二節　武爵武任——《境內篇》 ⋯⋯⋯⋯⋯⋯⋯⋯⋯⋯ 190

第三節　「邊利盡歸於兵，市利盡歸於農」——《外內篇》 ⋯ 199

第四節　緣法而治，君尊民服——《君臣篇》 ⋯⋯⋯⋯⋯ 203

第五節　勢與數——《禁使篇》 ⋯⋯⋯⋯⋯⋯⋯⋯⋯⋯⋯ 208

第六節　「明君忠臣」「不可以須臾忘於法」——《慎法篇》 ⋯ 211

第七節　「法令明則名分定」——《定分篇》 ⋯⋯⋯⋯⋯⋯ 216

上編小結 ⋯⋯⋯⋯⋯⋯⋯⋯⋯⋯⋯⋯⋯⋯⋯⋯⋯⋯⋯⋯⋯ 225

下編　《商君書》綜合研究 ⋯⋯⋯⋯⋯⋯⋯⋯⋯⋯⋯⋯⋯⋯ 231

第一章　《商君書》所見制度考析 ⋯⋯⋯⋯⋯⋯⋯⋯⋯⋯⋯ 233

第一節　「制土分民之律」——《商君書》所見土地制度考析 ⋯ 233

第二節　「武爵武任、粟爵粟任」——《商君書》所見爵制考析 ⋯ 238

第三節　《商君書》所見其他制度雜考 ⋯⋯⋯⋯⋯⋯⋯⋯ 256

第二章　《商君書》所見思想研究（上） ⋯⋯⋯⋯⋯⋯⋯⋯ 265

第一節　歷史觀和人性論——《商君書》的理論基礎 ⋯⋯⋯ 265

第二節　「尙公」和國家本位——《商君書》的政治思想 ⋯⋯ 275

第三節　權勢主義——《商君書》中的「勢」與「術」 ⋯⋯ 279

第三章　《商君書》所見思想研究（下） ⋯⋯⋯⋯⋯⋯⋯⋯ 289

第一節　驅民于農——《商君書》的重農思想 ⋯⋯⋯⋯⋯ 289

第二節　政勝爲本——《商君書》的軍事思想 ⋯⋯⋯⋯⋯ 293

結語　《商君書》在戰國秦代政治思想史中的地位 ⋯⋯⋯⋯ 301

附錄一　《商君書》佚文——《立法篇》研究 ⋯⋯⋯⋯⋯⋯ 309

附錄二　商鞅大事年表 ……………………………………………… 311

附錄三　大良造庶長辨析 …………………………………………… 315

參考文獻 ……………………………………………………………… 321

第十八冊　康雍乾三朝刻書機構研究

作者簡介

曹紅軍，男，1967 年 2 月生，江蘇如皋人。文學博士，現爲南京師範大學文學院研究員、江蘇省古籍保護專家委員會委員、江蘇省圖書（群文）文博專業高級資格評審委員會委員。

歷任南京圖書館古籍編目組組長，南京圖書館學術委員會副主任。2002 年受聘爲安徽大學徽學研究中心兼職研究員；2003 年受聘爲南京師範大學文學院客座教授；2007 年 5 月受聘爲國家林業局《中華大典・林業典》學術顧問；2011 年 5 月受聘爲南京大學歷史系兼職教授。

主要研究方向集中在古籍版本目錄學、中國古代編輯出版史、印刷史研究、地方誌研究、藏書史研究及古籍鑑定等方面。歷年來先後參與撰寫並已獲出版的著作有《江蘇藝文志・無錫卷》（1997 年江蘇人民出版社）、《江蘇藝文志・淮陰卷》（1997 年江蘇人民出版社）、《古本戲曲劇目提要》（1997 年文化藝術出版社）、《江蘇省通志稿・度支志》（2002 年 1 月江蘇古籍出版社出版）、《江蘇舊方志提要》（1993 年江蘇古籍出版社）等十餘部。發表論文二十餘篇。

提　要

在清代中央機構出版活動中，康、雍、乾三朝是刻書數量最多、出版成就最大的一個時期。以武英殿修書處爲主體的中央刻書機構，全面繼承並發展了我國古代的刻印裝潢技術和活字印刷技術，在爲統治階級鞏固統治服務的同時，也因此創造了我國古代官刻史上的一座豐碑。

其中，曹寅等人承刻欽頒《全唐詩》、《佩文韻府》二書是清初出版史上比較重要的刻書活動。二書的刊刻地均在揚州，校刻《全唐詩》成立的機構名『揚州詩局』，刊刻《佩文韻府》成立的機構名『揚州書局』，雖一字之差，實爲兩次組局。

『臣工刊書進呈內府』現象是康、雍、乾時期出現在統治集團上層的一種特殊的文化現象，臣工們對刻書事業的積極參與，使得以『軟字精寫精刻』

爲標誌的『康版書』風格廣泛流傳，成爲這個時代獨特的文化標誌。

發端於宋代的活字印刷技術在康、雍、乾時期第一次爲中央機構出版活動所採用，並因此創造了歷史上最大的銅活字印刷工程和最大的木活字印刷工程。《古今圖書集成》和《武英殿聚珍版叢書》在出版過程中的特殊際遇和獨特工藝，賦予了其各自不同的版本特徵，二書也因此成爲我國古代出版史上的經典之作。

康、雍、乾三朝的中央機構刻印書，全面反映了清盛世時期的文化政策和統治方略，是中國圖書史上一份極爲厚重的珍貴資產，它對本時代的文化發展產生了巨大的影響，對今天的學術研究也仍具有重要的參考價值。

目　次

前　言 ………………………………………………………………………… 1
第一章　緒　論 …………………………………………………………… 7
　第一節　歷代中央機構刻書活動概述 ………………………………… 7
　第二節　康雍乾三朝中央機構刻印書範圍界定 …………………… 24
第二章　清代中央刻書機構考述 ……………………………………… 31
　第一節　清代中央官刻書的中心——武英殿修書處 ……………… 31
　第二節　其他刻書機構簡述 ………………………………………… 45
第三章　曹寅與揚州詩局、揚州書局刻書活動研究 ……………… 49
　第一節　揚州詩局與《全唐詩》及《棟亭藏書》的刊刻 ………… 49
　第二節　關於揚州詩局的命運 ……………………………………… 53
　第三節　揚州書局與《佩文韻府》的刊刻 ………………………… 57
　第四節　關於揚州詩局所刻書的商榷 ……………………………… 62
第四章　康雍乾時期臣工刊書進呈內府現象研究 ………………… 65
　第一節　臣工刊書進呈內府現象之緣起 …………………………… 65
　第二節　臣工刊書進呈內府考略 …………………………………… 68
　第三節　臣工刊書進呈內府現象與「康版」書風格的形成 …… 77
第五章　清代中央機構之銅活字印書研究 ………………………… 83
　第一節　陳夢雷、蔣廷錫與《欽定古今圖書集成》的印刷 …… 84
　第二節　清內府其他銅活字印本概述 ……………………………… 96
　第三節　關於清內府銅活字的其他相關問題 …………………… 100
第六章　清代中央機構之木活字印書研究 ……………………… 107

第一節　《武英殿聚珍版叢書》排印源流 107

第二節　金簡與《武英殿聚珍版程式》 111

第三節　《武英殿聚珍版叢書》的版本特徵 114

第四節　外聚珍及其版本鑒別 116

第五節　殿本《武英殿聚珍版叢書》目錄訂誤 119

第七章　清代盛世文化政策與中央機構出版成就 123

第一節　刻書視角下的清代盛世文化政策與統治方略 123

第二節　清盛世時期中央機構刻書成就及其影響 139

參考文獻 143

附　錄 149

第十九冊　《史記》校勘研究

作者簡介

　　王華寶，1965 年 7 月生。江蘇揚州人。文學博士。畢業於南京師範大學中國古典文獻學專業，師從徐復、錢玄、吳金華、趙生群等先生。原爲鳳凰出版社（原江蘇古籍出版社）編審，現爲東南大學人文學院教授。社會兼職主要有：中國訓詁學研究會理事，中國史記研究會理事，江蘇省語言學會副會長兼秘書長，「清學和段王之學學術研究諮詢委員會」副主任等。從事古籍編輯工作二十多年，所編圖書三十多次獲得省部級和國家級圖書獎。學術研究方面，出版個人學術論文集《古文獻問學叢稿》（中華書局），獨立整理《四書集注》《近思錄》《戰國策》等多種，參與或合作整理《冊府元龜》（校訂本，周勛初主編，獲首屆中國出版政府獎）、《說文解字校訂本》（三人合作，獲江蘇省哲學社會科學優秀成果獎）等多種，在《文史》《古籍整理研究學刊》《古籍研究》等刊物上發表論文數十篇。現正參與「二十四史暨《清史稿》修訂工程」的《史記》修訂工作（趙生群主持）、《宋人軼事匯編》（周勛初主編）、主持《王念孫集》整理等。

提　要

　　《史記》校勘研究是《史記》文獻學的重要內容之一，也是「史記學」的一項重要的基礎性工作。該文以享有「集千餘年來學術研究之大成的善本，在《史記》版本校勘學研究發展史上，是一個重要的里程碑」之美譽的中華

書局校點本《史記》為中心，從古文獻學的角度，綜合運用校勘學、版本學、漢語史和文化史等方面的知識，參考相關資料，進行較為系統的校勘研究。

《緒論》部分闡述了《史記》校勘研究的意義、歷史和現狀，研究的方法和原則，對《史記》校勘研究的幾點認識。正文四章，第一章在分析校點本所依據的底本金陵書局本局限的基礎上，通過與金陵書局本的重新覆校，在校點本與局本 400 多條異文的基礎上，指出校點本的排印錯誤和逕改之類的古籍整理失範之處。第二章通過對校點本所依附的主要校勘材料張文虎《札記》8957 條校記（包括新增部分）的逐條分析，探討校點本對張文虎《札記》具體的採擇情況，特別是當擇而未擇與不當擇而擇的問題。第三章通過版本異文校勘、對前人校勘成果的吸收不足以及校點本產生以來的一些科研成果的分析，舉例探討校點本存在的校勘問題。第四章從專名、書名號、與引號相關的標點符號、語詞等角度，列舉時賢及作者本人發現的校點本部分標點符號可商之處，供大家討論。

該文認為，校點本存在著底本校對不精，某些文字處理不合古籍整理規範，漏校、誤校不少，已有研究成果吸收不夠，標點可商之處不少等一系列問題。因此，有必要在古文獻校勘理論和科學方法的指導下，充分吸收學術新成果，對《史記》文本重新進行較全面而系統的宏觀考察和微觀剖析，這是新世紀《史記》整理研究工作向縱深發展並爭取獲得突破性進展的需要，也是豐富古文獻學基礎理論特別是完善校勘學理論的需要。21 世紀也需要更能體現當代史記學研究水準的《史記》新文本。

該文通過對《史記》版本及其他文獻異文，對《史記》語言文化等的研究，認為《史記》金陵書局本與許多晚出的文本一樣，優點是明顯的，缺點是隱而不顯的；校點本是在特定的時代出版的，她不可能不帶有那個時代的局限──底本對校、整理的指導思想、觀念、方法、材料及研究水準，等等；張文虎《札記》不能作為校點本的校勘記，校點本應當有自己的校勘記。《史記》研究總體而言取得了可喜的成就，而校勘仍是薄弱環節。同時指出，忽略了版本問題，難免失校；忽略了語言文化的研究，難免誤校。在新的歷史條件下，推進古文獻的校勘水準，必須特別關注上述兩個方面。

該文不僅梳理了《史記》整理研究的歷史和現狀，為《史記》整理研究和語言研究提供了數百條可參考的具體意見；同時，也為新的歷史條件下多角度探討古文獻校勘的理論問題，提供了一些看法。對《史記》整理、語言

研究和古文獻研究等有一定的參考價值。

目　次

緒　論 ⋯⋯⋯⋯⋯⋯⋯⋯⋯⋯⋯⋯⋯⋯⋯⋯⋯⋯⋯⋯⋯⋯⋯ 1

　第一節　《史記》校勘研究的意義 ⋯⋯⋯⋯⋯⋯⋯⋯⋯⋯⋯ 3

　第二節　《史記》校勘研究的歷史和現狀 ⋯⋯⋯⋯⋯⋯⋯ 6

　　一、《史記》的流佈與刊刻概貌 ⋯⋯⋯⋯⋯⋯⋯⋯⋯⋯ 6

　　二、《史記》校勘研究的歷史 ⋯⋯⋯⋯⋯⋯⋯⋯⋯⋯⋯ 17

　　三、《史記》校勘研究的現狀 ⋯⋯⋯⋯⋯⋯⋯⋯⋯⋯⋯ 26

　第三節　關於研究的方法 ⋯⋯⋯⋯⋯⋯⋯⋯⋯⋯⋯⋯⋯ 36

　第四節　對《史記》校勘研究的幾點認識 ⋯⋯⋯⋯⋯⋯ 42

第一章　校點本與金陵書局本對校研究 ⋯⋯⋯⋯⋯⋯⋯⋯ 49

　第一節　金陵書局本及其不足 ⋯⋯⋯⋯⋯⋯⋯⋯⋯⋯⋯ 49

　第二節　校點本與金陵書局本對校研究 ⋯⋯⋯⋯⋯⋯⋯ 53

　　一、排印錯誤 ⋯⋯⋯⋯⋯⋯⋯⋯⋯⋯⋯⋯⋯⋯⋯⋯⋯ 54

　　二、關於古籍整理規範 ⋯⋯⋯⋯⋯⋯⋯⋯⋯⋯⋯⋯⋯ 78

　　三、局本與《札記》不一致的問題 ⋯⋯⋯⋯⋯⋯⋯⋯ 88

　　四、局本存在的其他問題 ⋯⋯⋯⋯⋯⋯⋯⋯⋯⋯⋯⋯ 89

第二章　校點本與張文虎《札記》對比研究 ⋯⋯⋯⋯⋯⋯ 93

　第一節　張文虎《札記》研究 ⋯⋯⋯⋯⋯⋯⋯⋯⋯⋯⋯ 93

　第二節　校點本與《札記》關係的基本判斷 ⋯⋯⋯⋯⋯ 98

　第三節　校點本對《札記》具體採擇的研究 ⋯⋯⋯⋯⋯ 100

　　一、《札記》之說宜參者 ⋯⋯⋯⋯⋯⋯⋯⋯⋯⋯⋯⋯ 100

　　二、校改可商者 ⋯⋯⋯⋯⋯⋯⋯⋯⋯⋯⋯⋯⋯⋯⋯⋯ 108

　　三、二說取一說或校改不全者 ⋯⋯⋯⋯⋯⋯⋯⋯⋯⋯ 110

　　四、與《札記》之說不一者 ⋯⋯⋯⋯⋯⋯⋯⋯⋯⋯⋯ 111

　　五、《札記》之說未當而不可取者 ⋯⋯⋯⋯⋯⋯⋯⋯ 111

第三章　校點本校勘問題舉隅 ⋯⋯⋯⋯⋯⋯⋯⋯⋯⋯⋯⋯ 115

　第一節　《史記》版本異文校勘 ⋯⋯⋯⋯⋯⋯⋯⋯⋯⋯ 116

　第二節　校點本校勘問題舉隅 ⋯⋯⋯⋯⋯⋯⋯⋯⋯⋯⋯ 124

第四章　校點本標點問題舉隅 ⋯⋯⋯⋯⋯⋯⋯⋯⋯⋯⋯⋯ 143

　第一節　校點本標點問題舉隅 ⋯⋯⋯⋯⋯⋯⋯⋯⋯⋯⋯ 144

一、專名問題‥‥‥‥‥‥‥‥‥‥‥‥‥‥‥‥‥‥‥‥‥‥‥ 144

二、書名號問題‥‥‥‥‥‥‥‥‥‥‥‥‥‥‥‥‥‥‥‥‥‥ 147

三、與引號相關的問題‥‥‥‥‥‥‥‥‥‥‥‥‥‥‥‥‥‥ 148

四、與語詞相關的問題‥‥‥‥‥‥‥‥‥‥‥‥‥‥‥‥‥‥ 150

五、其他問題‥‥‥‥‥‥‥‥‥‥‥‥‥‥‥‥‥‥‥‥‥‥ 152

第二節　標點致誤的原因分析‥‥‥‥‥‥‥‥‥‥‥‥‥‥‥‥ 153

餘論‥‥‥‥‥‥‥‥‥‥‥‥‥‥‥‥‥‥‥‥‥‥‥‥‥‥‥‥ 157

參考文獻‥‥‥‥‥‥‥‥‥‥‥‥‥‥‥‥‥‥‥‥‥‥‥‥‥ 161

後記‥‥‥‥‥‥‥‥‥‥‥‥‥‥‥‥‥‥‥‥‥‥‥‥‥‥‥ 169

第二十冊　陳垣《日知錄校注》研究——以注校史源爲例

作者簡介

黃偉豪，畢業於台灣中國文化大學，就讀大學期間得到不少好老師的薰陶，萌生從事古籍鑽研的想法。取得香港新亞研究所碩士學位後，進而修讀博士學位，所裏陳志誠、何廣棪與李學銘教授等對我教誨良多，受益匪淺。研究興趣爲語言文史，尤喜經史校讎。嘗於香港中文大學學術期刊《中國語文通訊》上發表〈談董橋早期的一篇譯作〉論文。《陳垣《日知錄校注》研究——以注校史源爲例》一書，據碩士論文修訂而成，指導教授爲陳志誠老師。

提　要

本文以陳垣（援庵）先生（1880～1971 年）《日知錄》的文獻學注校和史源爲研究重心，論述了他的文獻注校和史源思想及其在文獻學注校和史源方面所取得的成就。因爲陳垣先生是在《日知錄集釋》本的天頭側頁上加注的，篇幅少，不能不意賅辭精。

實際上，陳垣先生在文獻學上的成就是非常豐富和多方面的，本文只就其中兩三個主要方面做一初步的探討，冀發掘陳垣先生在自己或前人研究的基礎上的進展，以及他採取前人未用過的方法。因爲陳垣先生《日知錄校注》的行文比較簡略，我多採用類比的方法，期把《日知錄校注》裏摘取陳垣先生注校和史源的意見，從陳垣先生不同著作裏找出其類似的地方，再據此將它們合在一起歸納出條例來，找出系統。也希望進而掌握著述的內在規律，得到以此推彼、舉一反三的效果。我更會將心比心去領會、推測陳垣先生寄

寓的民族情感，從而理解《日知錄校注》著作的內容和中心主旨。

我同時參考李師學銘的〈陳援庵先生與史書要刪〉，先列「引用」及「隱括」方法兩表，把陳垣先生給《日知錄》校注下關於顧炎武「引用」及「隱括」方法的應用嘗試整理，結論相信會有意義。

目　次

第一章　緒　論 ……………………………………………………… 1

　第一節　研究動機 ………………………………………………… 2

　第二節　研究範圍與方法 ………………………………………… 3

　第三節　前人研究成果 …………………………………………… 5

第二章　《日知錄校注》編撰的緣起 ……………………………… 9

　第一節　《日知錄》版本與編撰緣起 …………………………… 14

　第二節　《日知錄校注》的最後成書定體例 …………………… 15

第三章　注釋與治學 ………………………………………………… 17

　第一節　注釋特色 ………………………………………………… 18

　　一、注釋諸名稱 ………………………………………………… 18

　　二、注釋源流演變 ……………………………………………… 20

　　三、注釋的整理方式 …………………………………………… 23

　　　　1、對文字的矜慎 ………………………………………… 26

　　　　2、顯現民族意識 ………………………………………… 27

　　四、古籍今注的方法 …………………………………………… 29

　第二節　通過辨明假借字來訓詁釋義 …………………………… 31

　第三節　注重考釋名物的起源 …………………………………… 33

　第四節　注意標舉出處 …………………………………………… 35

　　一、引用注釋需要注意的問題 ………………………………… 35

　　二、注釋的難易 ………………………………………………… 37

　第五節　注重論說的原始出處 …………………………………… 40

　第六節　注意聯繫現實，體現致用的特點 ……………………… 42

　　一、注重歷史與現實的結合，體現了歷史的時代功能 ……… 42

　　二、會通歷史材料 ……………………………………………… 46

　　三、論民族關係等，陳古刺今 ………………………………… 63

　第七節　於所不知，無寧闕如 …………………………………… 68

第四章　校勘訂偽 …………………………………………… 73

　第一節　校勘前後 ………………………………………… 73

　　一、校勘的內容 ………………………………………… 73

　　　1、具體校勘前的準備工作 ………………………… 73

　　　2、了解基本構成和流傳情況 ……………………… 74

　　　3、總結前人經驗，體現科學精神 ………………… 75

　　　4、了解語言特點 …………………………………… 78

　　　5、搜集他書資料，汲取前人成果 ………………… 82

　　　6、明白基本內容和結構體例 ……………………… 85

　　二、校勘的觀察——《日知錄校注》所見竄亂訛誤的現象舉隅 … 86

　　　1、衍文 ……………………………………………… 86

　　　　（1）注文誤入正文而衍 ………………………… 87

　　　　（2）因誤據他書而衍 …………………………… 88

　　　2、脫文 ……………………………………………… 89

　　　3、倒文 ……………………………………………… 90

　第二節　校勘原則 ………………………………………… 91

　　一、校文字 ……………………………………………… 92

　　二、訓字詞 ……………………………………………… 93

　　三、述語法 ……………………………………………… 96

　　四、明章句 ……………………………………………… 96

　　五、釋典制 ……………………………………………… 100

　　六、糾訂史實 …………………………………………… 102

　　七、推義理 ……………………………………………… 104

　　八、注出處 ……………………………………………… 105

　　九、闡體例 ……………………………………………… 108

　　十、考源流 ……………………………………………… 110

　第三節　校勘方法 ………………………………………… 113

　　一、校勘方法的依據 …………………………………… 113

　　　1、明出處，耐心校對錯誤 ………………………… 113

　　　2、《日知錄校注》校勘出的錯誤釋例 …………… 115

　　　　（1）不明訓詁而誤 ……………………………… 115

（2）不知語法、修辭用字而誤 117

（3）不識增刪文字而誤 119

（4）不辨文義而誤 128

（5）不諳典章制度而誤 129

（6）未查史實而誤 130

（7）未審地理而誤 132

（8）未知紀傳綴事、專名而誤 135

二、陳垣先生在《日知錄校注》中所用的校勘方法 137

1、對校法 138

2、本校法 140

3、他校法 142

4、理校法 145

第五章　史源考證 149

第一節　考證的方法 152

一、比較法 152

二、求源法 155

1、據史源確定名物、典故的原意，以確切理解史料 155

2、據史源推斷史料的學術價值，以確定其可信程度 158

3、據史源，以證史料轉引之誤 160

三、鉤稽法 163

第二節　考證的內容 166

一、對前人注文的糾謬 167

二、對史書義例的考證 169

三、發掘從前受人輕視的典籍，介紹適用版本 174

1、利用《冊府元龜》作考證 174

2、介紹適用參考版本 177

第三節　考證手段極為豐富 179

一、利用學術史知識考證 180

二、利用文獻語言的時代特點考證 184

三、利用時間推算考證 186

四、根據史料產生的時間先後考證 187

第六章 《日知錄校注》有關注校史源的體例歸納 …………………… 191
　第一節 歷朝避諱撮引表 ………………………………………………… 195
　第二節 以「史書要刪」的治史方法為準則，觀察《日知錄》「引用」
　　　　　法、「檃括」法的運用 ……………………………………… 207
第七章 結 論 ………………………………………………………………… 249
附錄一 前人研究陳垣先生學術已刊論的著作 …………………………… 257
附錄二 《日知錄》的版本系統 …………………………………………… 267
參考資料 …………………………………………………………………………… 271

第二一冊　尚書古注便讀

作者簡介

　　葉正渤，江蘇省響水縣人（原屬濱海縣），教授，文學碩士。1988 年 6 月陝西師範大學中文系漢語史專業碩士研究生畢業。畢業後赴雲南師範大學中文系任教，講師。1995 年 2 月調入徐州師範學院中文系任教，1997 年 7 月晉升為副教授，2003 年 8 月晉升為徐州師範大學文學院教授。古代漢語優秀課程（群）負責人，漢語言文字學專業、中國古典文獻學專業碩士研究生導師。主要從事古代漢語、古文字學、古漢語詞彙學和先秦兩漢文獻的教學與研究。中國語言學會、中國古文字研究會、中國文字學會、江蘇省語言學會會員。國家哲學社會科學基金項目通訊評審專家、成果鑒定專家。主持國家哲學社會科學規劃項目一項，教育部人文社會科學一般項目一項，江蘇省高校人文社會科學研究基金項目二項，江蘇省高校古籍整理研究項目二項。發表學術論文、譯文 90 餘篇，參加《中國書院辭典》（1996）的編寫，和李永延先生合著《商周青銅器銘文簡論》（1998，1999 年獲江蘇省社科優秀成果評選三等獎），另著《漢字部首學》（2001）、《漢字與中國古代文化》（2003）、《金文月相紀時法研究》（2005，2008 年獲江蘇省高校社科成果評選二等獎）、《上古漢語詞彙研究》（2007）、《葉玉森甲骨學論著整理與研究》（2008，2010 年獲江蘇省第十一屆哲學社會科學成果評選二等獎）、《金文標準器銘文綜合研究》（2010），點校〔清〕朱駿聲《尚書古注便讀》。

提　要

　　《尚書古注便讀》是〔清〕朱駿聲「欲求原流，明晰繁簡，適當便於學

子研讀」,「乃博采漢訓,間及宋說,玄擷要,溯本原,天文徵諸實算,輿地證以今時,偽書不加注釋,考文詳其出典,於是三十篇之今文,明通可誦,二十五篇之偽書,出處能尋」而寫的(宗孫朱師轍序)。成都華西大學 1935 年收入《國學叢書》予以刊印。1976 年臺灣廣文書局收入《國學珍籍彙編》影印出版,白文,未加標點。由於該書具有很強的學術性與研究參考價值,但是至今尚無標點本出版。爲便於今之讀者閱讀與研究,點校者對該書加了新式標點,並對該書中出現的某些非學術性錯誤進行了校勘,作了校勘記。又將原豎排版改爲橫排版,仍用繁體字印刷。正文用四號字,注釋用五號字單行編排。

目　次

尚書古注便讀

尚書古注便讀　跋(一)

尚書古注便讀　跋(二)

凡　例

尚書古注便讀　卷之一 1

　虞書 1

　　堯典 1

　　舜典 6

　　汩作 15

　　九共九篇 15

　　稾飫 15

　　大禹謨 15

　　皋陶謨 19

　　益稷 22

尚書古注便讀　卷之二 29

　夏書 29

　　禹貢 29

　　甘誓 51

　　五子之歌 52

　　允征 54

尚書古注便讀　卷之三 57

商書 ··· 57

帝告　釐沃 ··· 57

湯征 ··· 57

汝鳩　汝方 ··· 57

夏社　疑至　臣扈 ·································· 57

湯誓 ··· 58

仲虺之誥 ··· 59

湯誥 ··· 60

咸有壹德 ··· 62

典寶 ··· 63

明居 ··· 63

伊訓 ··· 63

肆命 ··· 65

徂后 ··· 65

太甲上 ·· 65

太甲中 ·· 66

太甲下 ·· 67

沃丁 ··· 68

咸乂 ··· 68

伊陟 ··· 68

原命 ··· 68

中丁 ··· 69

河亶甲 ·· 69

祖乙 ··· 69

盤庚上 ·· 69

盤庚中 ·· 74

盤庚下 ·· 77

說命上 ·· 79

說命中 ·· 80

說命下 ·· 81

高宗肜日 ··· 83

高宗之訓 ……………………………………………………… 84

西伯戡黎 ……………………………………………………… 84

微子 …………………………………………………………… 86

尚書古注便讀　卷之四上 …………………………………… 89

周書 …………………………………………………………… 89

泰誓上 ………………………………………………………… 89

泰誓中 ………………………………………………………… 91

泰誓下 ………………………………………………………… 93

牧誓 …………………………………………………………… 94

武成 …………………………………………………………… 96

洪範 …………………………………………………………… 99

分器 ………………………………………………………… 109

旅獒 ………………………………………………………… 109

旅巢命 ……………………………………………………… 110

金縢 ………………………………………………………… 110

大誥 ………………………………………………………… 115

微子之命 …………………………………………………… 119

歸禾 ………………………………………………………… 120

嘉禾 ………………………………………………………… 121

尚書古注便讀　卷之四中 ………………………………… 123

康誥 ………………………………………………………… 123

酒誥 ………………………………………………………… 130

梓材 ………………………………………………………… 135

召誥 ………………………………………………………… 137

洛誥 ………………………………………………………… 143

多士 ………………………………………………………… 151

無逸 ………………………………………………………… 155

君奭 ………………………………………………………… 160

成王政 ……………………………………………………… 166

將蒲姑 ……………………………………………………… 166

尚書古注便讀　卷之四下 ………………………………… 167

蔡仲之命 ⋯⋯⋯⋯⋯⋯⋯⋯⋯⋯⋯⋯⋯⋯⋯⋯⋯⋯⋯⋯⋯⋯ 167

多方 ⋯⋯⋯⋯⋯⋯⋯⋯⋯⋯⋯⋯⋯⋯⋯⋯⋯⋯⋯⋯⋯⋯⋯⋯⋯ 168

立政 ⋯⋯⋯⋯⋯⋯⋯⋯⋯⋯⋯⋯⋯⋯⋯⋯⋯⋯⋯⋯⋯⋯⋯⋯⋯ 174

賄息慎之命 ⋯⋯⋯⋯⋯⋯⋯⋯⋯⋯⋯⋯⋯⋯⋯⋯⋯⋯⋯⋯⋯⋯ 179

亳姑 ⋯⋯⋯⋯⋯⋯⋯⋯⋯⋯⋯⋯⋯⋯⋯⋯⋯⋯⋯⋯⋯⋯⋯⋯⋯ 179

周官 ⋯⋯⋯⋯⋯⋯⋯⋯⋯⋯⋯⋯⋯⋯⋯⋯⋯⋯⋯⋯⋯⋯⋯⋯⋯ 179

君陳 ⋯⋯⋯⋯⋯⋯⋯⋯⋯⋯⋯⋯⋯⋯⋯⋯⋯⋯⋯⋯⋯⋯⋯⋯⋯ 182

顧命 ⋯⋯⋯⋯⋯⋯⋯⋯⋯⋯⋯⋯⋯⋯⋯⋯⋯⋯⋯⋯⋯⋯⋯⋯⋯ 184

康王之誥 ⋯⋯⋯⋯⋯⋯⋯⋯⋯⋯⋯⋯⋯⋯⋯⋯⋯⋯⋯⋯⋯⋯⋯ 191

畢命 ⋯⋯⋯⋯⋯⋯⋯⋯⋯⋯⋯⋯⋯⋯⋯⋯⋯⋯⋯⋯⋯⋯⋯⋯⋯ 193

君牙 ⋯⋯⋯⋯⋯⋯⋯⋯⋯⋯⋯⋯⋯⋯⋯⋯⋯⋯⋯⋯⋯⋯⋯⋯⋯ 194

囧命 ⋯⋯⋯⋯⋯⋯⋯⋯⋯⋯⋯⋯⋯⋯⋯⋯⋯⋯⋯⋯⋯⋯⋯⋯⋯ 196

呂刑 ⋯⋯⋯⋯⋯⋯⋯⋯⋯⋯⋯⋯⋯⋯⋯⋯⋯⋯⋯⋯⋯⋯⋯⋯⋯ 196

文侯之命 ⋯⋯⋯⋯⋯⋯⋯⋯⋯⋯⋯⋯⋯⋯⋯⋯⋯⋯⋯⋯⋯⋯⋯ 204

費誓 ⋯⋯⋯⋯⋯⋯⋯⋯⋯⋯⋯⋯⋯⋯⋯⋯⋯⋯⋯⋯⋯⋯⋯⋯⋯ 206

秦誓 ⋯⋯⋯⋯⋯⋯⋯⋯⋯⋯⋯⋯⋯⋯⋯⋯⋯⋯⋯⋯⋯⋯⋯⋯⋯ 207

附：《清史稿・儒林二》朱駿聲傳 ⋯⋯⋯⋯⋯⋯⋯⋯⋯⋯⋯⋯⋯ 211

第二二冊　明代《楞伽經》注疏研究

作者簡介

黃守正，台灣彰化人。喜愛閱讀、學術、教學、音樂。

東海大學中文系、東海大學中文研究所碩士畢業，今就讀東海大學中文研究所博士班。

經歷國、高中國文教師、東海大學中文系兼任講師。

著有《明代楞伽經注疏研究》（碩士論文）、〈郭象《莊子注》中「性分」論的重估〉、〈方玉潤《詩經原始》詮釋特色探究〉、〈《艮》卦與《華嚴經》止觀法門之比較──二程排佛之個案探析〉、〈《明悟禪師趕五戒》中蘇東坡的前世今生──從傳說、話本到小說的寓意探究〉。

提　要

《楞伽經》在中國佛教史上有著重要的意義，它曾是菩提達摩藉以印心

的法要，禪宗門庭必讀的聖典，更是教下諸宗華嚴、天台、法相等極爲重視的經書。隋唐之際，曾出現所謂「楞伽師」、「楞伽宗」的盛況。宋、元時期，世人研讀《楞伽經》的風氣大不如前。直到明代，由於明初朱元璋的提倡，明末佛學文化背景的興盛，《楞伽經》在佛教史上出現第二次的研讀風潮，此時也推動了《楞伽經》注疏的發達。

本文以「明代《楞伽經》注疏研究」爲題，首先是針對背景的研究，如《楞伽經》的內容概說、歷代流傳、文本自身的限制與難題、明代《楞伽經》注疏的興盛原因、明代九家注疏的形式與內容特色、成書時間、成書動機、注疏者的學養等諸多主題的詳加考察。

其次，在法義的研究上，從「諸識生滅門」中「流注」與「相」的二種生、住、滅的討論，「三相」（轉相、業相、眞相）與「三識」（眞識、現識、分別事識）等名詞的界說，到「覆彼眞識」的詮釋以及相關法義的推展。繼以「轉依」爲主題，企圖了解明代《楞伽經》注疏中「轉依」思想的運用與創新。爲了突顯明代《楞伽經》注疏的特色，更將上溯各種法義思想的源流，如唐、宋注家們的相關詮釋，以便於釐清對照。最後以明代注家的法義「非難」爲主題，藉由「經題解釋」、「七種性自性」、「淨除自心現流」這三個議題，藉以觀察明代注家們彼此之間的互動，法義關注的重點及其討論。

目　次

第一章　緒　論 1
　第一節　研究動機與研究回顧 1
　　一、研究動機 1
　　　（一）題材的意義 1
　　　（二）靈感的來源 2
　　二、研究回顧 3
　第二節　研究主題與研究方法 6
　　一、研究主題 6
　　二、研究方法 8
第二章　《楞伽經》的流傳與明代《楞伽經》注疏的興盛 11
　第一節　《楞伽經》的內容概說 11
　第二節　《楞伽經》的翻譯及注疏 15
　　一、《楞伽經》的四種譯本 16

二、《楞伽經》的歷代注疏及流傳 17

　　（一）唐 17

　　（二）宋 18

　　（三）明 20

　　（四）清、民國 20

第三節　明代以前《楞伽經》流傳的興替考察 21

一、達摩與慧可——「囑咐說」與「預言說」 22

　　（一）菩提達摩的「囑咐說」 22

　　（二）楞伽師的出現與禪宗的重視 22

　　（三）「預言說」——四世後翻為名相 24

二、禪宗經典的轉移與南宗的盛行 24

三、《楞伽經》文本自身的限制 26

　　（一）法義幽微 26

　　（二）迴文不盡 27

　　（三）段落結構的差異性 28

第四節　明代《楞伽經》注疏發達的原因 29

一、明初政治的推動 29

二、明末佛教的興盛 30

第三章　明代《楞伽經》注疏的形式與內容特色等問題 33

第一節　注疏的意義與種類 33

第二節　明代《楞伽經》九家注疏的形式與內容特色 37

一、宗泐、如玘《楞伽阿跋多羅寶經註解》（A.D.1378） 38

二、德清《觀楞伽寶經記》、《楞伽補遺》（A.D.1599） 39

三、陸西星《楞伽要旨》（A.D.1602） 40

四、廣莫《楞伽經參訂疏》（A.D.1609） 42

五、曾鳳儀《楞伽經宗通》（A.D.1612） 43

六、普眞貴《楞伽科解》（A.D.1613） 45

七、焦竑《楞伽經精解評林》（約 A.D.1620） 46

八、通潤《楞伽經合轍》（A.D.1621） 47

九、智旭《楞伽經義疏》、《楞伽經玄義》（A.D.1652） 48

第三節　明代《楞伽經》九家注疏背景之考察 50

一、九家注疏的共同點——均以劉宋譯四卷本爲經文底本 ⋯⋯ 50

二、九家注疏的成書時間大多集中在明末 ⋯⋯⋯⋯⋯⋯⋯⋯ 52

三、九家注疏的成書動機 ⋯⋯⋯⋯⋯⋯⋯⋯⋯⋯⋯⋯⋯⋯⋯ 54

　（一）御令——讓佛教界重新注意到《楞伽經》 ⋯⋯⋯ 54

　（二）受人請託——《楞伽經》的研習已形成風氣 ⋯⋯ 55

　（三）不滿前人所注——法義解讀的歧異性、宗派不同的詮釋
　　　　立場 ⋯⋯⋯⋯⋯⋯⋯⋯⋯⋯⋯⋯⋯⋯⋯⋯⋯⋯⋯ 55

　（四）自我發心——發揚甚深法義、續佛慧命 ⋯⋯⋯⋯ 55

四、注疏者的學養背景 ⋯⋯⋯⋯⋯⋯⋯⋯⋯⋯⋯⋯⋯⋯⋯⋯ 56

　（一）僧多於俗 ⋯⋯⋯⋯⋯⋯⋯⋯⋯⋯⋯⋯⋯⋯⋯⋯⋯ 56

　（二）宗派分布 ⋯⋯⋯⋯⋯⋯⋯⋯⋯⋯⋯⋯⋯⋯⋯⋯⋯ 57

第四章　明代《楞伽經》注疏中「諸識生滅門」的討論 ⋯⋯⋯⋯ 59

第一節　「諸識生滅門」的內容概說 ⋯⋯⋯⋯⋯⋯⋯⋯⋯⋯⋯ 59

第二節　「流注」、「相」二種生、住、滅的討論 ⋯⋯⋯⋯⋯⋯ 64

一、問題的提出 ⋯⋯⋯⋯⋯⋯⋯⋯⋯⋯⋯⋯⋯⋯⋯⋯⋯⋯⋯ 64

二、明代以前的解釋 ⋯⋯⋯⋯⋯⋯⋯⋯⋯⋯⋯⋯⋯⋯⋯⋯⋯ 65

三、明代諸注家的詮釋 ⋯⋯⋯⋯⋯⋯⋯⋯⋯⋯⋯⋯⋯⋯⋯⋯ 68

四、明代《楞伽經》注疏對於前人的繼承發展及超越與反思 ⋯ 72

　（一）繼承與發展 ⋯⋯⋯⋯⋯⋯⋯⋯⋯⋯⋯⋯⋯⋯⋯⋯ 72

　　　1、「內外說」 ⋯⋯⋯⋯⋯⋯⋯⋯⋯⋯⋯⋯⋯⋯⋯⋯ 72

　　　2、「流注」爲第八識、「相」爲前七識 ⋯⋯⋯⋯⋯ 73

　　　3、《大乘起信論》的運用 ⋯⋯⋯⋯⋯⋯⋯⋯⋯⋯ 73

　（二）超越與反思 ⋯⋯⋯⋯⋯⋯⋯⋯⋯⋯⋯⋯⋯⋯⋯⋯ 74

　　　1、「通於八識說」 ⋯⋯⋯⋯⋯⋯⋯⋯⋯⋯⋯⋯⋯⋯ 75

　　　2、「心念說」 ⋯⋯⋯⋯⋯⋯⋯⋯⋯⋯⋯⋯⋯⋯⋯⋯ 75

　　　3、「粗細說」 ⋯⋯⋯⋯⋯⋯⋯⋯⋯⋯⋯⋯⋯⋯⋯⋯ 75

　　　4、「種子現行說」 ⋯⋯⋯⋯⋯⋯⋯⋯⋯⋯⋯⋯⋯⋯ 76

第三節　「三相」、「三識」的討論 ⋯⋯⋯⋯⋯⋯⋯⋯⋯⋯⋯⋯ 80

一、問題的提出 ⋯⋯⋯⋯⋯⋯⋯⋯⋯⋯⋯⋯⋯⋯⋯⋯⋯⋯⋯ 80

二、明代以前的解釋 ⋯⋯⋯⋯⋯⋯⋯⋯⋯⋯⋯⋯⋯⋯⋯⋯⋯ 81

三、明代諸注家的詮釋 ⋯⋯⋯⋯⋯⋯⋯⋯⋯⋯⋯⋯⋯⋯⋯⋯ 84

四、明代《楞伽經》注疏對於前人的繼承發展及超越與反思 …………89

（一）繼承與發展 …………………………………………………89

1、「三相」通於八識 …………………………………………108

2、「眞識」爲眞如（如來藏）；「現識」是第八識；「分別
事識」是餘七識 ……………………………………………90

3、「眞識」、「眞相」的詮釋──「不變隨緣、隨緣不變」
…………………………………………………………………91

（二）超越與反思 …………………………………………………91

1、曾鳳儀的「三識說」 ………………………………………91

2、「五法」、「三自性」的運用 ………………………………93

3、《大乘起信論》的運用與調和 ……………………………95

第四節　「覆彼眞識」的討論 ………………………………………97

一、問題的提出 ………………………………………………………97

二、明代以前的解釋 …………………………………………………98

三、明代諸注家的詮釋 ………………………………………………100

四、明代《楞伽經》注疏對於前人的繼承發展及超越與反思 ……103

（一）繼承與發展──「反復說」 ………………………………103

（二）超越與反思 …………………………………………………104

1、「覆蓋說」 …………………………………………………104

2、通潤「覆蓋說」、「反復說」的兩種兼通 ………………105

第五章　明代《楞伽經》注疏中「轉依」思想的運用與創新 ………107

第一節　「轉依」的定義 ……………………………………………107

第二節　《楞伽經》與「轉依」思想 ………………………………115

一、《楞伽經》與「轉依」思想的背景關係 ………………………115

二、《楞伽經》三家漢譯本的「轉依」類型 ………………………116

（一）第一處 ………………………………………………………117

（二）第二處 ………………………………………………………118

（三）第三處 ………………………………………………………119

三、小結 ………………………………………………………………120

第三節　明代以前《楞伽經》注疏中「轉依」思想的運用 ………121

一、唐代《楞伽經》注疏中的「轉依」思想 ………………………122

（一）《楞伽經疏》 ………………………………………… 122

（二）《入楞伽心玄義》 …………………………………… 122

二、宋代《楞伽經》注疏中的「轉依」思想 …………… 124

（一）《註大乘入楞伽經》 ………………………………… 124

（二）《楞伽阿跋多羅寶經集註》 ………………………… 126

（三）《楞伽經通義》 ……………………………………… 127

三、小結 ……………………………………………………… 127

第四節　明代德清《觀楞伽經記》、《楞伽補遺》中「轉依」思想的

　　　　運用與創新 ………………………………………… 128

一、了達唯心──依不生滅心的「轉依」特質 ………… 129

二、神力加持，頓證「二轉依果」 ……………………… 129

三、「二轉依果」的新詮 …………………………………… 130

四、「二轉依果」新詮的理論考察 ………………………… 132

（一）《楞伽經》本經的依據 ……………………………… 133

（二）宗密的《圓覺經略疏鈔》 ………………………… 134

（三）紫柏眞可的影響 ……………………………………… 135

五、「二轉依果」新詮的內容詳析 ………………………… 135

（一）涅槃果──不起分別，離心識處，即大涅槃 …… 136

（二）菩提果──法身眞常、樂、我、淨四德 ………… 136

六、小結 ……………………………………………………… 137

第五節　明代八家《楞伽經》注疏中「轉依」思想的運用 … 137

一、宗泐、如玘《楞伽阿跋多羅寶經註解》 …………… 138

二、陸西星《楞伽要旨》 …………………………………… 139

三、廣莫《楞伽經參訂疏》 ………………………………… 139

四、曾鳳儀《楞伽經宗通》 ………………………………… 140

五、普眞貴《楞伽科解》 …………………………………… 141

六、焦竑《楞伽經精解評林》 …………………………… 142

七、通潤《楞伽經合轍》 …………………………………… 143

八、智旭《楞伽經義疏》、《楞伽經玄義》 ……………… 144

九、小結 ……………………………………………………… 145

第六章　明代《楞伽經》注疏中的法義「非難」 ………… 147

第一節　「非難」的意義及類型⋯⋯⋯⋯⋯⋯⋯⋯⋯⋯147

第二節　單純型的「非難」──名相解釋⋯⋯⋯⋯⋯150

一、經題解釋──廣莫對德清的非難⋯⋯⋯⋯⋯⋯150

二、七種性自性⋯⋯⋯⋯⋯⋯⋯⋯⋯⋯⋯⋯⋯⋯⋯154

第三節　複雜型的「非難」──經文詮釋⋯⋯⋯⋯⋯158

一、「淨除自心現流」的法義詮釋「非難」⋯⋯⋯⋯159

（一）問題的提出──德清的詮釋及「非難」⋯⋯160

（二）普眞貴的詮釋──對德清的回應與「非難」⋯162

（三）明代其他注家對「淨除自心現流」的詮釋⋯165

1、廣莫⋯⋯⋯⋯⋯⋯⋯⋯⋯⋯⋯⋯⋯⋯⋯165

2、曾鳳儀⋯⋯⋯⋯⋯⋯⋯⋯⋯⋯⋯⋯⋯166

3、通潤⋯⋯⋯⋯⋯⋯⋯⋯⋯⋯⋯⋯⋯⋯⋯167

4、智旭⋯⋯⋯⋯⋯⋯⋯⋯⋯⋯⋯⋯⋯⋯⋯170

（1）「漸、頓」八喻的象徵意義⋯⋯⋯⋯⋯⋯⋯⋯170

（2）「漸、頓」的實質意義與思考盲點⋯⋯⋯⋯⋯171

（3）回應四種「頓、漸」次第的詮釋⋯⋯⋯⋯⋯⋯171

二、小結⋯⋯⋯⋯⋯⋯⋯⋯⋯⋯⋯⋯⋯⋯⋯⋯⋯172

第七章　結　論⋯⋯⋯⋯⋯⋯⋯⋯⋯⋯⋯⋯⋯⋯⋯⋯175

第一節　研究成果⋯⋯⋯⋯⋯⋯⋯⋯⋯⋯⋯⋯⋯⋯⋯175

第二節　研究侷限的反省與未來發展⋯⋯⋯⋯⋯⋯⋯182

一、研究侷限的反省⋯⋯⋯⋯⋯⋯⋯⋯⋯⋯⋯⋯⋯182

二、未來發展⋯⋯⋯⋯⋯⋯⋯⋯⋯⋯⋯⋯⋯⋯⋯⋯183

參考書目⋯⋯⋯⋯⋯⋯⋯⋯⋯⋯⋯⋯⋯⋯⋯⋯⋯⋯⋯⋯185

第二三、二四冊　《推背圖》研究

作者簡介

翁常鋒，法名翁常鋒，歸依法鼓山聖嚴法師。香港珠海大學中國文學博士，師承著名漢學家、香港大學名譽教授何沛雄博士。一九九二年國家高等考試及格，歷任國立成功大學文學院助教、國立臺灣大學文學院技士、世新大學講師、臺北市立圖書館主任、臺北市文化局主任、臺北市文獻委員會執

行秘書、臺北市立美術館代理館長及中華民國口述歷史學會理事長。

提　要

　　《推背圖》相傳乃唐李淳風、袁天綱（罡）共撰，爲中國最著名預言書。此書預言歷代興衰，有圖有讖，詩句模擬兩可，歷來各家說法紛紜，多乏嚴謹文史考據及學術研究基礎，積非成是、穿鑿附會尤多，本研究嘗試從學術研究及歷史高度，蒐羅唐、宋、元、明、清乃至民國以來相關資料，除正史記載及朝廷禁令，也包括歷代文人筆記及小說等著錄，乃至近代、當代學者研究，宏觀梳理《推背圖》源起及其流傳脈絡，揭開神秘面紗，還其本來面目，進而探究其對中華文化甚至凝聚民族情感的影響與意義。

　　本研究取材資料頗眾，資料來源包括臺灣、大陸、香港、日本、美國、加拿大、德國、荷蘭、澳洲等地，範圍可謂至廣。研究方法則因各章內容不同而有所分別，包括探源、版本、考證、闡述等途徑，從《推背圖》源起、作者問題、版本流傳、價值影響，逐一探討釐清。尤其探討作者問題，不僅排除李淳風、袁天綱（罡）共作《推背圖》之說，也論證金聖嘆批註《推背圖》一事，亦屬杜撰僞託。

　　《推背圖》千年流傳、屢禁不絕，猶能影響各朝歷代如此深遠，此誠其研究價值所在，簡言之，《推背圖》宛若「圖讖版」的中國歷代興衰史。本研究希能在前人研究基礎上，集《推背圖》研究之大成，發前人所未見，爲古典文獻研究作出貢獻。

目　次

上　冊

序　黃秀政

第一章　緒　論 ……………………………………………………………… 1
　第一節　寫作動機 ………………………………………………………… 1
　第二節　研究方法 ………………………………………………………… 5
　第三節　研究範圍 ………………………………………………………… 6
　第四節　前人研究成果 …………………………………………………… 7
　第五節　預期成果 ………………………………………………………… 20

第二章　《推背圖》探源 …………………………………………………… 23
　第一節　源　起 …………………………………………………………… 24

第二節　釋　義 30

第三節　作者問題 41

第三章　《推背圖》版本 73

第一節　現存版本 74

第二節　坊間流行金聖嘆批註版本 88

第三節　金聖嘆批註版本真偽辨析 94

第四章　《推背圖》蘊生背景 103

第一節　天命之說 105

第二節　巫祝祥異 110

第三節　讖緯術數 114

下　冊

第五章　《推背圖》流傳考 143

第一節　唐、宋、元三代流傳考 145

第二節　明、清兩朝流傳考 159

第三節　民國以來流傳考 188

第六章　《推背圖》文藝特點與影響 221

第一節　《推背圖》的文藝特點 222

第二節　《推背圖》的文藝影響 228

第七章　《推背圖》各家觀點論述 245

第一節　信之不疑者 246

第二節　斥爲僞妄者 254

第三節　存疑保留者 261

第八章　結　論 267

附　圖 273

附錄：金聖嘆批註《推背圖》 287

重要參考資料 301

第二五、二六冊　先秦符節研究

作者簡介

　　洪德榮，出生於台灣雨港基隆，現旅居於後山淨土花蓮。世新大學中文

學士、東華大學中文碩士，現就讀東華大學中文所博士班，師事許學仁先生。碩士論文《先秦符節研究》，研究方向爲古文字學、戰國文字、古書文獻學、出土文獻。期望未來的學術旅途上，在號稱「難讀」的古文字中找尋「新意」；在「浩瀚」的傳世典籍中看見「疑問」；在不斷「出新」的出土文獻中發掘「原貌」，將「古文字」、「傳世典籍」、「出土文獻」結合起來，實踐「人一能之，己百之，人十能之，己千之」的精神，以成「千里之行」。

提　要

　　本論文定名爲「先秦符節研究」，旨在對於先秦至秦代相關的符節器物進行整理，對文字、器物形制、歷史制度進行研究。本論文分爲上編「研究編」，共有五章，第一章爲研究動機、研究方法，說明本研究有助發掘符節研究的價值；第二章則對「符節」的名義問題進行分析，可知「符」和「節」是名義不同的二類器物，而「符節」是統稱；第三章共收錄先秦符節三十器，及附錄僞器考辨六器，進行校釋彙編，包含最爲重要的古文字、著錄、器形等方面予以整合研究；第四章對前三章進行統整，並討論關於文字國別、傳世文獻中的制度、虎符辨僞等問題；第五章爲結論，回顧各章研究成果。

　　下編「著錄編」，收集先秦符節著錄專書，對其中著錄予以整理，並製作「著錄總表」以各器爲主體，將著錄書目、著錄器名及現今典藏地予以詳細羅列、「研究文獻要目」則蒐集自民國以來對先秦符節進行研究的論文、專書及學位論文詳細資料，編纂關於先秦符節研究的詳盡目錄，以供研究者參考索引。

　　本文期望從「研究」、「著錄」、「集釋」三個方面，對於先秦符節提供完整細緻的研究成果。

目　次

上　冊

上編　研究編 ………………………………………………………………… 1

第一章　緒　論 ……………………………………………………………… 3

　第一節　研究動機與目的 ………………………………………………… 3

　　一、研究動機 …………………………………………………………… 3

　　二、研究目的 …………………………………………………………… 4

　第二節　研究範圍和方法 ………………………………………………… 5

一、研究範圍 ……………………………………………………… 5

二、研究方法 ……………………………………………………… 6

第三節　研究回顧與現況 ………………………………………… 7

　一、民國前 ………………………………………………………… 7

　　（一）先秦 ……………………………………………………… 7

　　（二）漢代 ……………………………………………………… 8

　　（三）清代 ……………………………………………………… 9

　二、民國後 ………………………………………………………… 10

　　（一）圖錄 ……………………………………………………… 10

　　（二）研究文獻 ………………………………………………… 11

　　　1、虎符 ……………………………………………………… 11

　　　2、龍節 ……………………………………………………… 13

　　　3、鄂君啓節 ………………………………………………… 13

　　　4、其他諸器 ………………………………………………… 15

第二章　符節相關問題探討 ……………………………………… 17

第一節　符、節之名義考察 ……………………………………… 17

　一、符之名義 ……………………………………………………… 18

　二、節之名義 ……………………………………………………… 19

　三、符、節名義異同比較 ………………………………………… 20

第二節　符節形制之分期與演變 ………………………………… 21

　一、分期標準 ……………………………………………………… 21

　二、各期形制考論 ………………………………………………… 21

　　（一）商周 ……………………………………………………… 21

　　　2.2.1《周禮》所述符節分類表 …………………………… 22

　　（二）春秋戰國 ………………………………………………… 23

　　　2.2.2 春秋戰國符節數量表 ………………………………… 23

　　（三）秦 ………………………………………………………… 24

　　（四）漢代 ……………………………………………………… 25

　　　1、侯爵用 …………………………………………………… 26

　　　2、地方官用 ………………………………………………… 26

　　（五）漢代以下 ………………………………………………… 27

第三節　符節與牙璋之關係 28
　一、牙璋概述 28
　二、牙璋是否爲符節之用 30
第三章　先秦符節彙編校釋 33
　【器名】節節 34
　　3.1.1「節」字字形表 35
　【器名】麋尻節 36
　　3.2.1「鹿」字字形表 38
　【器名】戀節 41
　　3.3.1「猶」字字形表 42
　　3.3.2「心」字字形表 42
　【器名】齊大夫馬節 44
　　3.4.1「齊」字字形表 45
　　3.4.2「尸」字字形表 46
　【器名】騎傳馬節 48
　　3.5.1「馬」字字形表 49
　　3.5.2「弓」字字形表 52
　　3.5.3「矢」字字形表 53
　【器名】王命虎節（一） 56
　【器名】王命虎節（二） 58
　【器名】王命傳遽虎節 60
　　3.8.1「命」字字形表 61
　　3.8.2 楚系「虎」字字形表 62
　【器名】王命車馱虎節 64
　　3.9.1「馬」字字形表 67
　　3.9.2「且」字字形表 67
　【器名】王命龍節（一） 71
　　3.10.1「迵」字字形表 73
　　3.10.2「賃」字字形表 73
　　3.10.3「檜」字字形表 74
　　3.10.4「飤」字字形表 75

3.10.5《王命龍節》銘文通讀表 ⋯⋯⋯⋯⋯⋯⋯ 76

【器名】王命龍節（二）⋯⋯⋯⋯⋯⋯⋯⋯⋯⋯ 81

【器名】王命龍節（三）⋯⋯⋯⋯⋯⋯⋯⋯⋯⋯ 83

【器名】王命龍節（四）⋯⋯⋯⋯⋯⋯⋯⋯⋯⋯ 85

【器名】王命龍節（五）⋯⋯⋯⋯⋯⋯⋯⋯⋯⋯ 87

【器名】王命龍節（六）⋯⋯⋯⋯⋯⋯⋯⋯⋯⋯ 89

【器名】鷹節（一）⋯⋯⋯⋯⋯⋯⋯⋯⋯⋯⋯⋯ 91

3.16.1「帯」字字形表 ⋯⋯⋯⋯⋯⋯⋯⋯⋯⋯ 93

3.16.2「怎」字字形表 ⋯⋯⋯⋯⋯⋯⋯⋯⋯⋯ 95

3.16.3「舟」字字形表 ⋯⋯⋯⋯⋯⋯⋯⋯⋯⋯ 95

3.16.4「貝」字字形表 ⋯⋯⋯⋯⋯⋯⋯⋯⋯⋯ 96

3.16.5「身」字字形表 ⋯⋯⋯⋯⋯⋯⋯⋯⋯⋯ 97

【器名】鷹節（二）⋯⋯⋯⋯⋯⋯⋯⋯⋯⋯⋯ 100

【器名】雁節（一）⋯⋯⋯⋯⋯⋯⋯⋯⋯⋯⋯ 102

【器名】雁節（二）⋯⋯⋯⋯⋯⋯⋯⋯⋯⋯⋯ 104

【器名】辟大夫虎節 ⋯⋯⋯⋯⋯⋯⋯⋯⋯⋯⋯ 106

3.20.1「大夫」合文字形表 ⋯⋯⋯⋯⋯⋯⋯ 108

【器名】偏將軍虎節 ⋯⋯⋯⋯⋯⋯⋯⋯⋯⋯⋯ 110

3.21.1「貴」字字形表 ⋯⋯⋯⋯⋯⋯⋯⋯⋯ 111

3.21.2「弁」字字形表 ⋯⋯⋯⋯⋯⋯⋯⋯⋯ 111

3.21.3「目」字字形表 ⋯⋯⋯⋯⋯⋯⋯⋯⋯ 113

3.21.4「將」字字形表 ⋯⋯⋯⋯⋯⋯⋯⋯⋯ 113

3.21.5「勹」字字形表 ⋯⋯⋯⋯⋯⋯⋯⋯⋯ 114

3.21.6「言」字字形表 ⋯⋯⋯⋯⋯⋯⋯⋯⋯ 115

3.21.7「丘」字字形表 ⋯⋯⋯⋯⋯⋯⋯⋯⋯ 116

3.21.8「與」字字形表 ⋯⋯⋯⋯⋯⋯⋯⋯⋯ 117

3.21.9「婁」字字形表 ⋯⋯⋯⋯⋯⋯⋯⋯⋯ 117

【器名】鄂君啟車節（一）⋯⋯⋯⋯⋯⋯⋯⋯ 120

3.22.1 楚系「歲」字字形表 ⋯⋯⋯⋯⋯⋯ 122

3.22.2 楚系「夏」字字形表 ⋯⋯⋯⋯⋯⋯ 123

3.22.3「市」字字形表 ⋯⋯⋯⋯⋯⋯⋯⋯⋯ 133

3.22.4「象」字字形表 ⋯⋯⋯⋯⋯⋯⋯⋯⋯⋯⋯⋯ 136

3.22.5「兔」字字形表 ⋯⋯⋯⋯⋯⋯⋯⋯⋯⋯⋯⋯ 136

3.22.6「見」字字形表 ⋯⋯⋯⋯⋯⋯⋯⋯⋯⋯⋯⋯ 140

【器名】鄂君啓車節（二） ⋯⋯⋯⋯⋯⋯⋯⋯⋯⋯⋯⋯ 144

【器名】鄂君啓車節（三） ⋯⋯⋯⋯⋯⋯⋯⋯⋯⋯⋯⋯ 147

【器名】鄂君啓舟節 ⋯⋯⋯⋯⋯⋯⋯⋯⋯⋯⋯⋯⋯⋯ 150

3.25.1「灘」字字形表 ⋯⋯⋯⋯⋯⋯⋯⋯⋯⋯⋯⋯ 154

3.25.2「己」字字形表 ⋯⋯⋯⋯⋯⋯⋯⋯⋯⋯⋯⋯ 155

3.25.3「巳」字字形表 ⋯⋯⋯⋯⋯⋯⋯⋯⋯⋯⋯⋯ 156

3.25.4「云」字字形表 ⋯⋯⋯⋯⋯⋯⋯⋯⋯⋯⋯⋯ 156

3.25.5「世」字字形表 ⋯⋯⋯⋯⋯⋯⋯⋯⋯⋯⋯⋯ 160

3.25.6「涉」字字形表 ⋯⋯⋯⋯⋯⋯⋯⋯⋯⋯⋯⋯ 162

3.25.7「雷」字字形表 ⋯⋯⋯⋯⋯⋯⋯⋯⋯⋯⋯⋯ 162

3.25.8「囪」字字形表 ⋯⋯⋯⋯⋯⋯⋯⋯⋯⋯⋯⋯ 163

3.25.9「啚」字字形表 ⋯⋯⋯⋯⋯⋯⋯⋯⋯⋯⋯⋯ 163

3.25.10「欠」旁及「次」字形表 ⋯⋯⋯⋯⋯⋯⋯⋯ 164

3.25.11「緐」字字形表 ⋯⋯⋯⋯⋯⋯⋯⋯⋯⋯⋯⋯ 165

下　冊

【器名】棘虎符 ⋯⋯⋯⋯⋯⋯⋯⋯⋯⋯⋯⋯⋯⋯⋯⋯ 169

3.26.1《棘虎符》銘文字形表 ⋯⋯⋯⋯⋯⋯⋯⋯⋯ 170

3.26.2「乘」字字形表 ⋯⋯⋯⋯⋯⋯⋯⋯⋯⋯⋯⋯ 171

【器名】亡縱熊符 ⋯⋯⋯⋯⋯⋯⋯⋯⋯⋯⋯⋯⋯⋯⋯ 174

3.27.1 從「人」偏旁字形表 ⋯⋯⋯⋯⋯⋯⋯⋯⋯⋯ 175

【器名】新郪虎符 ⋯⋯⋯⋯⋯⋯⋯⋯⋯⋯⋯⋯⋯⋯⋯ 177

3.28.1「也」字字形表 ⋯⋯⋯⋯⋯⋯⋯⋯⋯⋯⋯⋯ 181

【器名】杜虎符 ⋯⋯⋯⋯⋯⋯⋯⋯⋯⋯⋯⋯⋯⋯⋯⋯ 183

3.29.1《杜虎符》斷代說法表 ⋯⋯⋯⋯⋯⋯⋯⋯⋯ 184

【器名】櫟陽虎符 ⋯⋯⋯⋯⋯⋯⋯⋯⋯⋯⋯⋯⋯⋯⋯ 188

【餘論】先秦符節辨偽——《東郡虎符》、《秦王命虎節》、《秦甲兵
之符》、《龍節》、《阹者旃節》、《陽陵虎符》 ⋯⋯⋯ 191

一、東郡虎符 ⋯⋯⋯⋯⋯⋯⋯⋯⋯⋯⋯⋯⋯⋯⋯⋯ 191

二、秦王命虎節 193

三、秦甲兵之符 194

四、龍節 195

五、𤟴者㫃節 196

    餘.4.1「爪」旁字形表 197

    餘.4.2「石」字字形表 198

    餘.4.3 從「石」偏旁字形表 198

    餘.4.4「𨸏」旁字形表 199

    餘.4.5《包山》楚簡文例表 200

    餘.4.6「者」字字形表 201

    餘.4.7「㲋」旁字形表 201

    餘.4.8「節」字字形表 202

六、陽陵虎符 203

第四章　先秦符節綜論 207

第一節　文字國別與器物形制 207

一、符節銘文之國別特色 207

    4.1.1 先秦符節分域字形表 208

（一）先秦符節國別、器形形制、用途整理表 210

    4.1.2 先秦符節分域總表 210

（二）器形形制分析 211

    4.1.3 先秦符節器形統計表 211

（三）先秦符節用途統計分析 212

    4.1.4 先秦符節用途統計表 212

第二節　先秦符節制度之探討——以傳世文獻論之 213

一、《周禮》中的相關記載 213

    4.2.1 符節應用場合／體制相關記載表 215

二、先秦諸子中的記載 216

第三節　虎符辨偽芻議 217

第五章　結　論 221

下編　著錄編 223

第一章　前　言 225

第二章　先秦符節著錄書目析評 　227

　第一節　清代至 1937 年 　228

　　一、《積古齋鐘鼎彝器款識》 　228

　　二、《金石索》 　228

　　三、《綴遺齋彝器考釋》 　229

　　四、《奇觚室吉金文述》 　229

　　五、《陶齋吉金續錄》 　230

　　六、《歷代符牌圖錄》 　230

　　七、《秦金石刻辭》 　231

　　八、《周金文存》 　231

　　九、《簠郼草堂吉金圖》 　232

　　十、《增訂歷代符牌圖錄》 　233

　　十一、《待時軒傳古別錄》 　235

　　十二、《貞松堂集古遺文》 　235

　　十三、《秦漢金文錄》 　236

　　十四、《善齋吉金錄》 　236

　　十五、《小校經閣金石文字》 　237

　　十六、《衡齋金石識小錄》 　240

　　十七、《貞松堂吉金圖》 　240

　　十八、《海外吉金圖錄》 　241

　　十九、《兩周金文辭大系圖錄考釋》 　241

　　二十、《尊古齋所見吉金圖》 　241

　　二十一、《三代吉金文存》 　242

　第二節　1937 年後迄今 　244

　　一、台灣地區 　244

　　　（一）《金文總集》 　244

　　　（二）《新收殷周青銅器銘文暨器影彙編》 　248

　　二、大陸地區 　248

　　　（一）總集、彙編 　248

　　　　1、《商周金文錄遺》 　248

　　　　2、《殷周金文集錄》 　249

3、《殷周金文集成》·······················250

4、《近出殷周金文集錄》·················255

5、《山東金文集成》·····················255

6、《流散歐美殷周有銘青銅器集錄》·······256

7、《楚系金文彙編》·····················257

8、《近出殷周金文集錄二編》·············259

（二）出土報告·····························259

1、《西漢南越王墓》·····················259

第三章　先秦符節著錄總表··················261

第四章　先秦符節研究文獻要目··············273

第一節　前言······························273

第二節　研究文獻要目······················275

一、專著······························275

二、學位論文··························277

三、期刊論文··························278

附錄：《鄂君啟節》研究資料··················295

附表一：《鄂君啟節》行款及字形摹本表········297

一、《鄂君啟車節》行款及字形摹本表········297

二、《鄂君啟舟節》行款及字形摹本表········298

附表二：《鄂君啟節》運輸路線示意圖··········301

本文引用材料及簡稱表······················303

引用及參考書目····························305

後記····································329

第二七冊　漢代文獻學及其思想研究

作者簡介

　　陳一梅（1969～2010），女，江蘇南京人。1992 年獲西北大學歷史學碩士學位。2007 年獲西北大學歷史學博士學位。西北大學歷史學院副教授，陝西師範大學博士後。主要從事歷史文獻學教學和研究。承擔國家社科基金、國家重大出版專項、陝西省社科基金、西安市哲學社會科學基金等科研專項 7

項，編著出版《中國歷史文選》、《中華古詩文名篇誦讀》、《中國書法思想史》、《黃帝祭祀研究》、《黃陵縣志校注》等著作 7 部，在《中國史研究》等期刊發表學術論文 10 餘篇。曾獲陝西省哲學社會科學優秀成果獎。

提　要

文獻是人類物質文明和精神文明發展的記錄；文獻學是人們圍繞文獻展開的科學研究。周秦時期人們在長期的文獻活動中，形成了基本的文獻觀和方法論，文獻學因此萌生並爲漢代文獻學思想的形成奠定了理論基礎。文獻學在漢代成爲專學，它以周秦遺產爲資本、從時代土壤汲取養分，在政府的大力支持和學者們的傾心研習下得到了長足的發展，並自覺而形成爲學術思想理論。漢代文獻學以校讎學、經學、辨僞學爲主要學術形式，以「辨章學術，考鏡源流」、「多聞闕疑，無徵不信」、「崇廣道藝，融會和合」爲主要理論內容。漢代文獻學主張積極入世、追求經世致用，並受時代思潮的影響，顯示出與「大一統」、「天人感應」相呼應的思想特徵。漢代文獻學思想的最大時代缺陷，是對政治的屈從。漢代文獻學及其思想確定了中國文獻學的基礎和發展路向，在學術史上具有深遠影響。

目　次

序　黃留珠
引　論 1
　一、關鍵詞概述 1
　二、研究緣起及研究思路 10
第一章　漢代文獻學先源 13
　第一節　文獻的產生 13
　　一、文獻的初級形式 13
　　二、「文」與「獻」 15
　　三、所謂「經」 21
　第二節　文獻制度 24
　　一、採集制度 24
　　二、記錄制度 26
　　三、保管制度 29
　　四、推廣制度 33

　　　五、鉗錮制度 38

　　第三節　文獻活動 40

　　　一、傳播 40

　　　二、整理 42

　　　三、闡釋 52

　　　四、分類與結集 56

　　第四節　文獻觀和方法論 59

　　　一、文獻觀 59

　　　二、方法論 65

第二章　漢代文獻學述要 73

　　第一節　影響文獻學發展的外部因素 73

　　　一、政策因素 73

　　　二、經濟因素 89

　　　三、科技因素 91

　　第二節　校讎學 92

　　　一、目錄 93

　　　二、版本 98

　　　三、校勘 100

　　第三節　經學 105

　　　一、版本：經今古文的區分標準 106

　　　二、章句和義理 110

　　第四節　辨偽學 117

　　　一、辨偽說 117

　　　二、辨偽書 118

第三章　漢代文獻學思想 123

　　第一節　辨章學術　考鏡源流 123

　　　一、「知人論世」的文獻學自覺 123

　　　二、發展的學術史觀 125

　　　三、文獻分類中的「反經」與「行權」 127

　　　四、以仁心說，以公心辨 128

　　第二節　多聞闕疑　無徵不信 130

　　一、「有馬者借人乘之」 ·· 130

　　二、論莫定於有證 ·· 132

　第三節　崇廣道藝　融會和合 ·· 134

　　一、博存衆家 ·· 134

　　二、道通爲一 ·· 139

　第四節　漢代文獻學思想的主要缺陷 ···································· 145

　　一、司馬遷徵實思想中的「過猶不及」 ································ 145

　　二、學術的屈從 ·· 148

結語 ·· 153

主要參考文獻 ·· 155

後記 ·· 163

初版後記 ·· 165

第二八、二九冊　《黃氏日抄》研究

作者簡介

　　葛曉愛（1976～），女，山東海陽人，北京師範大學歷史學博士。1998 年 7 月，畢業於山東師範大學，取得歷史學學士學位；2001 年 7 月，畢業於北京師範大學，取得歷史學碩士學位；2004 年 7 月，畢業於北京師範大學，師從曾貽芬教授，取得歷史學博士學位。現就職於北京大眾世紀文化有限公司，目前正在爲中華書局做《黃氏日抄》的點校工作。

提　要

　　《黃氏日抄》是黃震的代表作，本書對《日抄》的體例、內容、價值進行了全面、系統的研究。

　　上編爲圍繞理學的體例，分三章：會歸一理的結構安排、詳略據理的材料取捨、窮理明道的著述形式。借助尊孔崇朱的宏觀結構、精理入微的微觀結構，《日抄》會歸一理。以「文以載道」爲指導，根據群書的不同情況，黃震靈活採摘材料以闡發己意。序說開宗明義、評論闡發思想、自注補充正文的著述形式，反映出黃震窮理致用的思想。

　　中編爲致廣大、盡精微的內容，分三章：唯求本意的注釋學、學求其是的考證學、影響深遠的辨僞學。黃震注釋群書以求其本意，綜合運用各種注

釋形式又自出新意，了無漢宋、古今、朱學門戶。黃震採用廣泛系統的考證形式、參伍錯綜的考證方法，考證史事、文獻，考論結合、實事求是，是乾嘉考證學之淵源。黃震繼承朱子的辨偽方法，就書籍的內容和來歷，展開了對五十多部書籍的辨偽工作，結論多正確可從，而且黃震重視偽書的濟世價值。

　　下編為嘉惠後學的價值，分兩章：《日知錄》學習的榜樣、文獻資料的寶庫。《日知錄》是學習《日抄》的典範，其體例和考論結合出於《日抄》而勝於《日抄》。《日抄》所引資料浩繁，其中主要是宋人的經解，為學術研究提供了新課題。

目　次

上　冊

前　言 1

上編　圍繞理學的體例 7

第一章　會歸一理的結構安排 9

　第一節　尊孔崇朱的宏觀結構 9

　　一、次孔氏書於經後 9

　　二、次本朝諸儒理學書、本朝諸儒書、諸儒書于孔氏書後 ... 11

　第二節　精理入微的微觀結構 18

　　一、讀經 18

　　二、讀孔氏書 21

　　三、讀本朝諸儒理學書 22

　　四、讀本朝諸儒書 30

　　五、讀諸儒書 36

　　六、讀史 37

　　七、讀子 41

　　八、讀集 47

第二章　詳略據理的材料取捨 57

　第一節　文以載道的著作觀 57

　第二節　書籍客觀情況不同 60

　　一、研究現狀不同 60

　　二、思想觀點各異 65

第三章　窮理明道的著述形式 　　　　　　　　　　　　　69

　第一節　序說開宗明義 　　　　　　　　　　　　　　　69

　　一、序說的形式 　　　　　　　　　　　　　　　　　69

　　二、序說的內容 　　　　　　　　　　　　　　　　　70

　第二節　評論闡發思想 　　　　　　　　　　　　　　　76

　　一、評論的形式 　　　　　　　　　　　　　　　　　77

　　二、評論的內容 　　　　　　　　　　　　　　　　　81

　第三節　自注補充正文 　　　　　　　　　　　　　　　88

　　一、自注的形式 　　　　　　　　　　　　　　　　　88

　　二、自注的內容 　　　　　　　　　　　　　　　　　88

中編　致廣大、盡精微的內容 　　　　　　　　　　　　　101

第四章　唯求本意的注釋學 　　　　　　　　　　　　　103

　第一節　求本意的注釋原則 　　　　　　　　　　　　104

　　一、反對以己意注經 　　　　　　　　　　　　　　104

　　二、反對改經以就己意 　　　　　　　　　　　　　108

　　三、反對增字以為訓 　　　　　　　　　　　　　　113

　　四、反對以後事釋經 　　　　　　　　　　　　　　114

　第二節　集大成的注釋形式 　　　　　　　　　　　　119

　　一、綜合運用注釋形式 　　　　　　　　　　　　　120

　　二、綜合之上自出新意 　　　　　　　　　　　　　123

　第三節　泯門戶的注釋風格 　　　　　　　　　　　　126

　　一、泯漢宋門戶 　　　　　　　　　　　　　　　　127

　　二、泯古今門戶 　　　　　　　　　　　　　　　　130

　　三、泯朱學門戶 　　　　　　　　　　　　　　　　133

第五章　學求其是的考證學 　　　　　　　　　　　　　141

　第一節　廣泛系統的考證形式 　　　　　　　　　　　141

　　一、考異 　　　　　　　　　　　　　　　　　　　142

　　二、考辨 　　　　　　　　　　　　　　　　　　　144

　　三、糾謬 　　　　　　　　　　　　　　　　　　　146

　　四、探源 　　　　　　　　　　　　　　　　　　　148

　第二節　參伍錯綜的考證方法 　　　　　　　　　　　150

一、書證 150

二、物證 153

三、理證 155

第三節　考論結合的考證特點 157

一、分類考證 157

二、考論結合 159

第四節　實事求是的考證精神 161

一、用宏取精，博通簡出 161

二、求實是正，不守門戶 162

三、寓鑒戒於考證 163

四、謙謹嚴肅 163

第五節　下啓清代的考證影響 164

第六章　影響深遠的辨偽學 167

第一節　承先後繼的辨偽方法 167

一、就書籍的內容辨偽 168

二、就書籍的來歷辨偽 179

三、對辨偽方法的認識 181

第二節　大有可觀的辨偽成果 183

一、辨偽成果之概覽 183

二、辨偽成果之影響 188

第三節　發揮偽書的濟世價值 191

下　冊

下編　嘉惠後學的價值 197

第七章　《日知錄》學習的榜樣 199

第一節　體例篇 200

第二節　考論篇 203

第八章　文獻資料的寶庫 211

第一節　可資輯佚者 211

第二節　可補今本者 309

《黃氏日抄》保存資料一覽 371

參考書目 373

第三十冊　明清域外喪禮漢籍經眼錄

作者簡介

　　彭衛民，中國大陸西南政法大學政治學所研究人員，在《史學彙刊》、《學術界》、《中國社會科學文摘》、人大複印資料《明清史》、《探索》、《中國圖書評論》、《中國社會科學報》、《社會科學報》等刊物發表論文三十餘篇，主持或參與國家社科基金項目、教育部人文社會科學研究項目、西南政法大學重點項目十餘項，先後獲得第七屆中國青少年科技創新獎、重慶市科技學術標兵、重慶市第二屆學術年成果二等獎等獎勵。著有《〈喪禮撮要〉箋釋》、《于心有安：昭穆、譜牒與宗法》等書。

提　要

　　本研究藉助台北國家圖書館、國立台灣大學、韓國成均館大學、韓國國立中央圖書館及日本早稻田大學所藏之明清俗禮，互勘版本，遍檢群書，考鏡源流，去粗取要，以成《明清域外喪禮漢籍經眼錄》。是書系統收錄明清以來朝鮮與日本學者所著喪禮凡九十三種，共列舉明代朝鮮學者所著喪禮二十八種，清代域外喪禮六十五種，其中朝鮮學者所著喪禮五十七種，日本學者所著喪禮八種。此外并收錄明清罕見喪禮著述版本三種（《家禮集說》、《家祭禮儀》、《喪禮撮要》），另收錄《家禮》、《書儀》域外刊本四種。所用之版本，均爲《韓國禮學叢書》及台北國立中央圖書館、北京國家圖書館域外漢學《善本書志》公認之善、珍本，其中部份爲極爲少見之手鈔本。全書目次之排序，首以著者生活之年代爲先後，次不可考其生卒年者；首以朝鮮學者，次以日本學者；首以域外學者，次以中國學者。每種文獻，皆附書影，若有兩種以上版本，則相應附兩種以上書影，書影下皆有文字說明。每種文獻皆首先介紹其卷冊、版框、版心、行款、序跋、刊年、印藏等情況，次介紹其收錄喪禮條目情況，次介紹該種文獻之成書情況、學術地位、社會影響及所承載之喪禮思想，次介紹作者生平。又，未成喪禮專書然被《韓國歷代文集叢書》關於喪禮之零星論述者，也一併附錄，並作扼要說明。

目　次

白　序

凡　例

明　代 ……………………………………………………………………………1

1、李孟宗：《家禮增解》 ································· 3

2、申叔舟：《國朝五禮儀》 ······················· 5

3、李彥迪：《奉先雜儀》 ························· 7

4、宋翼弼：《家禮註說》 ························· 10

5、趙振：《退溪先生喪祭禮答問》 ······· 12

6、李珥：《祭儀鈔》 ································· 14

7、金誠一：《喪禮考證》 ······················· 18

8、李德弘：《家禮註解》 ······················· 20

9、鄭逑：《五服沿革圖》 ······················· 22

10、鄭逑：《寒岡先生四禮問答彙類》 ····· 24

11、鄭逑：《五先生禮說分類》 ··············· 26

12、曹好益：《家禮考證》 ····················· 29

13、金長生：《家禮輯覽》 ····················· 31

14、金長生：《家禮輯覽圖說》 ··············· 33

15、金長生：《喪禮備要》 ····················· 36

16、金長生：《疑禮問解》 ····················· 41

17、李恒福：《四禮訓蒙》 ····················· 43

18、李恒福：《家禮附贅》 ····················· 45

19、金集：《疑禮問解續》 ····················· 47

20、金集：《古今喪禮異同議》 ··············· 49

21、姜碩期：《疑禮問解》 ····················· 51

22、許穆：《經禮類纂》 ························· 53

23、俞棨等：《家禮源流》 ····················· 55

24、李惟樟：《二先生禮說》 ··················· 57

25、權斗寅：《禮儀補遺》 ····················· 59

26、李益銓：《禮疑答問分類》 ··············· 61

27、李亮淵：《喪祭輯笏》 ····················· 64

28、佚名：《二禮祝式纂要》 ··················· 66

清　代 ··· 69

29、尹拯：《明齋先生疑禮問答》 ··········· 71

30、尹拯：《喪祭禮遺書》 ····················· 73

31、朴世采：《南溪先生禮說》 …………………………………… 75

32、安晉石：《四禮考證》 ………………………………………… 77

33、辛夢參：《家禮輯解》 ………………………………………… 79

34、鄭碩達：《家禮或問》 ………………………………………… 81

35、橫溪病塏：《改葬備要》 ……………………………………… 84

36、橫溪病塏：《疑禮通考》 ……………………………………… 86

37、李縡：《四禮便覽》 …………………………………………… 88

38、李瀷：《星湖先生禮式》 ……………………………………… 90

39、李瀷：《星湖先生禮說類編》 ………………………………… 92

40、申近：《疑禮類說》 …………………………………………… 94

41、朴聖源：《疑禮類輯》 ………………………………………… 96

42、柳長源：《常變通考》 ………………………………………… 99

43、朴胤源：《近齋禮說》 ………………………………………… 102

44、丁若鏞：《喪禮外編》 ………………………………………… 105

45、丁若鏞：《喪禮節要》 ………………………………………… 108

46、洪直弼：《梅山先生禮說》 …………………………………… 111

47、張錫愚：《喪祭撮要》 ………………………………………… 113

48、任憲晦：《全齋先生禮說》 …………………………………… 115

49、姜銑：《喪祭輯要》 …………………………………………… 117

50、柳重教：《四禮笏記》 ………………………………………… 119

51、柳重教：《四禮補遺》 ………………………………………… 122

52、宋秉珣：《四禮祝式》 ………………………………………… 124

53、田愚：《艮齋先生禮說》 ……………………………………… 127

54、黃泌秀：《增補四禮便覽》 …………………………………… 129

55、黃泌秀：《喪祭類鈔》 ………………………………………… 131

56、盧相益：《退溪寒岡星湖三先生禮說類輯》 ………………… 135

57、張錫英：《四禮汰記》 ………………………………………… 137

58、盧相稷：《常體便覽》 ………………………………………… 139

59、柳璉：《喪禮略抄》 …………………………………………… 141

60、金鍾厚：《家禮集考》 ………………………………………… 143

61、南道振：《禮書箚記》 ………………………………………… 145

62、尹羲培：《四禮撮要》 …………………………………… 147

63、李　爀：《四禮纂說》 …………………………………… 151

64、尹健厚：《三庵疑禮輯略》 ……………………………… 153

65、南紀濟：《備要補解》 …………………………………… 155

66、金鼎柱：《喪禮便覽》 …………………………………… 157

67、徐承益：《四禮要義》 …………………………………… 162

68、姜夏馨：《喪祭禮抄》 …………………………………… 164

69、洪啓禧：《國朝喪禮補編》 ……………………………… 167

70、申泰鍾：《四禮常變纂要》 ……………………………… 169

71、佚名：《禮疑問答》 ……………………………………… 171

72、佚名：《初喪禮》 ………………………………………… 173

73、權以時：《五禮輯略》 …………………………………… 175

74、崔膺教：《喪祭取要》 …………………………………… 177

75、洪錫：《喪祭要錄》 ……………………………………… 179

76、佚名：《喪祭祝式》 ……………………………………… 182

77、佚名：《四禮節要》 ……………………………………… 184

78、佚名：《喪祭禮彙考》 …………………………………… 186

79、俞彦鏶：《五服名義》 …………………………………… 188

80、鄭基洛：《家禮彙通》 …………………………………… 190

81、佚名：《四禮釋疑》 ……………………………………… 192

82、申鉉喦：《二禮祝式》 …………………………………… 195

83、佚名：《禮家要覽》 ……………………………………… 197

84、李周遠：《安陵世典》 …………………………………… 199

85、金恒穆：《喪禮輯解》 …………………………………… 202

86、室直清：《文公家禮通考》 ……………………………… 204

87、吉見幸和：《凶禮問答》 ………………………………… 206

88、服南郭：《服等抄書》 …………………………………… 208

89、源弘賢：《服制沿革考》 ………………………………… 210

90、中川忠英：《清俗記聞》 ………………………………… 212

91、谷口胤祿：《喪服考》 …………………………………… 215

92、首藤昌：《喪服論》 ……………………………………… 217

93、佚名：《家禮改圖》 219

94、朱熹：《家禮》 221

95、司馬光：《司馬氏書儀》 224

96、馮善：《家禮集說》 227

97、邱濬：《文公家禮儀節》 230

98、楊復、劉垓孫集注：《文公家禮》 237

99、彭天相：《喪禮撮要》 241

100、張彙：《家祭禮儀》 243

南北朝散文引用《古文尚書》之研究

殷永全　著

作者簡介

殷永全，國立台北大學古典文獻學研究所碩士，發表〈柳宗元與晚出《古文尚書》〉（柳宗元國際學術研討會論文集，湖南：湖南人民出版社，2011 年 5 月）。台灣中央圖書館藏柳宗元《永洲八記》石刻拓本介紹（中國唐代文學學會第十六屆年會暨「唐代西域與文學」國際學術研討會，2012 年 8 月）。

提　　要

　　本文蒐集南北朝散文中引用晉朝梅賾所獻之《古文尚書》，加以歸納與分析。

　　南北朝時期時間上稍晚於梅賾獻《書》，本文以文學中的散文為範圍，研究其在南北朝散文中被引用之情形，當可有所發現。當今蒐集南北朝之單篇文章及個人文集以嚴可均（1762-1843）所輯之《全上古三代秦漢三國六朝文》[1]最為完備，是以本論文取材大體以該書為主。

　　本文共分七章，第一章為緒論。第二章如《尚書》名稱的由來；今文與古文《尚書》的來源；各種晚出《古文尚書》的版本。第三章至第七章，研究南、北朝散文引用《古文尚書》的情況，其中將引用《虞書》、《夏書》、《商書》分為一章，引用《周書》分為一章。編排方式是將各家文章中引用《古文尚書》的段落抄錄下來 然後指出其引用《古文尚書》的某篇及其意義，再加上筆者之論述。各引用段落中，北朝以北魏、北齊、北周的順序排列。南朝以宋、齊、梁、陳的順序排列。第七章為結論，總述研究成果。

　　(Footnotes)
　　[1] 嚴可均校輯《全上古三代秦漢三國六朝文》（北京：中華書局，1958 年）。

第一章　緒　論 ……………………………………… 1
　第一節　前　言 …………………………………… 1
　第二節　前人研究成果的檢討 …………………… 3
　第三節　僞書的問題 ……………………………… 5
第二章　《尚書》的出現與流傳 ………………… 11
　第一節　《尚書》的由來及《今古文尚書》的來源 · 11
　　一、《尚書》的由來 …………………………… 11
　　二、《今文尚書》的來源與流傳 ……………… 12
　　三、《古文尚書》的來源與流傳 ……………… 13
　第二節　《古文尚書》的出現與內容 ………… 19
　　一、河內女子〈泰誓〉篇 ……………………… 19
　　二、東萊張霸「百兩篇尚書」本 …………… 22
　　三、梅賾所獻《古文尚書》本 ……………… 24
　　四、小結 ………………………………………… 26
第三章　南朝散文引用《古文尚書》《虞書》、《夏
　　　　書》、《商書》之研究 ………………… 29
　第一節　引用《虞書》之研究 ………………… 30
　　一、〈舜典〉 …………………………………… 30
　　二、〈大禹謨〉 ………………………………… 32
　第二節　引用《夏書》之研究 ………………… 39
　　一、〈五子之歌〉 ……………………………… 39
　　二、〈胤征〉 …………………………………… 39
　第三節　引用《商書》之研究 ………………… 43
　　一、〈仲虺之誥〉 ……………………………… 43
　　二、〈湯誥〉 …………………………………… 45
　　三、〈伊訓〉 …………………………………… 55
　　四、〈太甲〉 …………………………………… 56
　　五、〈咸有一德〉 ……………………………… 58
　　六、〈說命〉 …………………………………… 59
第四章　南朝散文引用《古文尚書》《周書》之研
　　　　究 ……………………………………… 63
　第一節　引用〈周書〉之研究（上） ………… 63
　　一、〈泰誓〉 …………………………………… 63
　　二、〈武成〉 …………………………………… 66
　　三、〈微子之命〉 ……………………………… 69
　　四、〈蔡仲之命〉 ……………………………… 71

目
次

　　第二節　引用〈周書〉之研究（下）……………73
　　　一、〈周官〉……………………………………73
　　　二、〈君陳〉……………………………………76
　　　三、〈畢命〉……………………………………77
　　　四、〈君牙〉……………………………………79
第五章　北朝散文引用《古文尚書》《虞書》、《夏
　　　　書》、《商書》之研究……………………81
　　第一節　引用《虞書》之研究…………………81
　　　一、〈大禹謨〉…………………………………81
　　第二節　引用《夏書》之研究…………………83
　　　一、〈五子之歌〉………………………………83
　　　二、〈胤征〉……………………………………84
　　第三節　引用《商書》之研究…………………86
　　　一、〈仲虺之誥〉………………………………86
　　　二、〈湯誥〉……………………………………87
　　　三、〈伊訓〉……………………………………88
　　　四、〈咸有一德〉………………………………89
第六章　北朝散文引用《古文尚書》《周書》之研
　　　　究………………………………………………93
　　第一節　引用〈周書〉之研究（上）……………93
　　　一、〈泰誓〉……………………………………93
　　　二、〈武成〉……………………………………96
　　　三、〈微子之命〉………………………………97
　　　四、〈蔡仲之命〉………………………………98
　　第二節　引用〈周書〉之研究（下）……………99
　　　一、〈周官〉……………………………………99
　　　二、〈君陳〉……………………………………101
　　　三、〈君牙〉……………………………………103
第七章　結　論………………………………………105
參考文獻………………………………………………107
　　經部相關著作……………………………………107
　　史部相關著作……………………………………108
　　子部相關著作……………………………………108
　　集部相關著作……………………………………109
　　現代人專著………………………………………109
　　碩博士論文………………………………………110
　　單篇論文…………………………………………110

第一章 緒 論

第一節 前 言

　　偽《古文尙書》在晉朝梅賾獻於朝廷後，此書的神聖性在短時間內就被認定了。而後歷經宋、元、明、清七百多年的時間，「《古文尙書》辨偽」成了辨偽學史上重要的課題，最後判定梅賾所獻《書》中之二十五篇是偽作，成了清代考據學中具有代表性的重要成果之一。其中最舉足輕重的當推清代閻若璩（1636～1704）。閻氏辨梅賾所獻《古文尙書》中二十五篇爲偽，幾乎已可說是鐵案如山。屈萬里（1907～1979）先生的《尙書釋義》是研究《尙書》必讀之書，其書只解釋了《今文尙書》二十九篇，對於另外二十五篇則說：「偽《古文尙書》二十五篇，雖無史料價值；然傳誦既千有餘年，已成爲學人所應具有之常識：故以爲附錄之殿。」〔註1〕此二十五篇僅被附於書末，可見得梅賾所獻《古文尙書》中偽古文二十五篇已不受人重視。自明代梅鷟（約 1483～1553），所著《尙書譜》、《尙書考異》，清代閻若璩著《尙書古文疏證》考辨《古文尙書》爲偽作後，即有陳第（1541～1617）、毛奇齡（1623～1716）等發聲反駁，直到近年仍然有學者爲偽《古文尙書》翻案，專著如大陸學者張岩所作之《審核古文《尙書》案》〔註2〕，但是一直無法讓偽《古

〔註1〕 屈萬里《尙書釋義》〈凡例〉（台北：中國文化大學出版部，1995 年 7 月，第二版），頁 1。

〔註2〕 張岩《審核古文《尙書》案》（北京：中華書局，2006 年）。其書中主要討論閻若璩《尙書古文疏證》考辨《古文尙書》所用手法的合理性。其認爲閻氏所用辨偽方法頗有不夠科學之處，因此所得出之結論值得再多多思考。

文尚書》重新回到「眞書」之列。在辨僞學者三百多年來所建構的基礎下，二十五篇的辨僞考證幾乎已是無法再次翻案，近來清華簡的出土，可望爲《古文尚書》的考辨，帶來新的消息。然而現今學者在引用材料作研究時，仍然是會遠遠的避開僞《古文尚書》中的二十五篇，原因乃是那些篇章是不可信的「僞作」。然而在清代以前，如南北朝時期，當時學者所讀《尚書》只有梅賾所獻之《古文尚書》，其中二十五篇爲僞。唐、宋時期，士人所讀官方認證之《尚書正義》，即是根據梅賾所獻之《古文尚書》而來，但其中眞僞相雜。書中的〈大禹謨〉即是二十五僞篇中的一篇，卻是後代理學家特別重視的篇章。元代雖有吳澄（1249～1333）所著之《書纂言》摒棄僞《古文》，專釋今文，然而此書並未得到政府及學術界的支持，當時最流行的本子，是蔡沈（1167～1230）的《書集傳》，此書是雜揉眞、僞的著作。雖然《書集傳》中有標明今、古文，然而全本共五十八篇，皆被視爲古聖先賢所流傳下來的紀錄。從明末到有清一代，學者爲了僞《古文尚書》的存廢問題，辨論不休〔註3〕。由此觀之，今日普遍公認之僞書，其實歷經了漫長的歲月，才從聖經變爲附錄的。因此本論文希望藉由南北朝文學中引用《古文尚書》之處出發，探討《古文尚書》在南北朝中所受到的關注。雖然《古文尚書》已經不具有經典性了，但將其降低時代來研究，視爲魏晉時期的著作，研究其在南北朝時流傳的情況，仍然可以發現《古文尚書》是受到很大的關注。

晉朝梅賾所獻《古文尚書》，時間上非常接近北朝時期，如以文學中的散文爲範圍，研究其在南北朝散文中被引用之情形，當可有所發現。當今蒐集南北朝之單篇文章及個人文集以嚴可均（1762～1843）所輯之《全上古三代秦漢三國六朝文》〔註4〕最爲完備，是以本論文取材大體以該書爲主。

本文共分七章，第一章爲緒論。第二章《尚書》名稱的由來；今文與古文《尚書》的來源；各種《僞古文尚書》的版本。第三章至第七章，研究南、北朝散文引用《古文尚書》的情況，其中將引用《虞書》、《夏書》、《商書》分爲一章，引用《周書》分爲一章。編排方式是將各家文章中引用《古文尚書》的段落抄錄下來，然後指出其引用《古文尚書》的某篇及其意義，再加上筆者之論述。各引用段落中，北朝以北魏、北齊、北周的順序排列。南朝

〔註3〕關於清代學界對於僞《古文尚書》篇章存廢問題，可參照戴君仁先生之《閻毛古文尚書公案》（台北：中華叢書委員會，1963年3月），第十章。
〔註4〕嚴可均校輯《全上古三代秦漢三國六朝文》（北京：中華書局，1958年）。

以宋、齊、梁、陳的順序排列。第七章爲結論，總述研究成果。

第二節　前人研究成果的檢討

　　前代研究經學者眾多，研究古典文學者更多如繁星。然而以《古文尚書》與文學間的關係來做研究者並不多，據筆者所知，多是日本學者，有平岡武夫（1909～1995）、吉川幸次郎（1904～1980）、斯波六郎（1894～1959）和清水茂等四位。

　　平岡武夫著有《經書之傳統》，全書分六章，第三章〈經書補亡之一〉，專論白居易（772～846）補逸《書》，第四節〈補逸書的作品及其結構〉中指出，白居易在所補的逸書〈湯征〉裡引用詞句的來源，在第五節〈僞古文尚書與文學〉中論述了這個問題：

> 在這裡第一件應該注意的事，是白居易的作品〈湯征〉主要是模仿〈胤征〉來結構的……第二件應該注意的事，是白氏從《尚書序》及《孟子》的文章來尋求他創作的材料……其次和這個現象有關的應該注意的問題，是白氏文學和僞《古文尚書》的關係，〈胤征〉原來是僞古文。而且從白氏詞句的選擇來說，他使用《古文尚書》的比率比使用《今文尚書》的多，我已經在上文提到了。不但是詞句，想法概念和内容，也和《古文尚書》系列的作品相近。〔註5〕

平岡教授是第一位對古典文學作品中與《古文尚書》的關係做深入討論的學者。

　　其次是吉川幸次郎教授，他的論文〈關於北周的大誥〉也提到《古文尚書》與古典文學的問題：

> 蘇綽〈大誥〉大致是把《尚書》的詞句割裂後再加以結構的。割裂得來的詞句裡……很多使用僞孔諸篇的詞句，現在舉一些最明顯的例子……蘇綽以較易模擬的的僞孔本爲資料，才寫得出〈大誥〉來……如果他只讀詰屈聱牙的眞古文二十九篇，就想不到寫這種模仿《尚書》文體的作品了。〔註6〕

〔註5〕平岡武夫《經書の傳統》（東京市：岩波書店，1951年1月），第三章〈經書補亡之一〉第五節〈僞《古文尚書と文學》〉，頁211～212。

〔註6〕吉川幸次郎〈關於北周的大誥〉原刊於《濱石先生古稀紀念東洋學論叢》（東京市：論叢編委會，1958年）後收入吉川幸次郎全集（東京市：筑摩書房，

吉川先生把蘇綽（498～546）〈大誥〉引用《古文尚書》的情況列了出來，我們可以知道蘇綽〈大誥〉模仿《尚書》的大概情形。

第三位是斯波六郎教授，他撰有〈《文選》李善著所引《尚書考證》〉從斯波先生的著作中，我們可以看到他所舉的兩篇《昭明文選》中的〈永明九年策秀才文〉中李善（630～689）所注引《尚書》的部分共十九條，其中十二條是真古文，而七條是偽古文。〈永明十一年策秀才文〉中引《尚書》十三條，其中真古文七條，偽古文六條。又陸倕（470～526）〈石闕銘〉李善注引《尚書》二十八條，十五條為真古文，十三條是偽古文。以上三個是《昭明文選》引用尚書較多的例子，可以看出偽《古文尚書》對宋、齊以後語言的影響。

第四位是清水茂教授，其所著之〈《偽古文尚書》與中國文學〉〔註7〕，這篇文章是在 1998 年發表的，內容不分章節。開頭先大略講述偽《古文尚書》被閻若璩考訂為偽書後，漸漸不受世人之重視，然而《古文尚書》中仍有許多在思想上、文化上及文學上可資汲取及研究處。其後討論到平岡武夫〈偽《古文尚書》與文學〉、吉川幸次郎〈關於北周的大誥〉、斯波六郎〈文選李善注所引《尚書》考證〉。之後再對唐代韓愈（768～824）和柳宗元（773～819）的散文引用《尚書》的部分作分析，認為韓愈引用的多為〈洪範〉與偽《古文尚書》。再以柳宗元的散文〈貞符〉為例，認為此篇除「克明俊德」為真古文，其餘皆引用偽《古文尚書》，最後提出結論。清水茂教授認為後代文章中會大量的引用偽《古文尚書》，是因為六朝、唐代文人將「殷盤周誥，詰屈聱牙」的文字引用進文章中，會產生很大的扞格，而引用偽《古文尚書》中的篇章如〈畢命〉、〈君陳〉等多為四言句的文字，摻在自己的作品裡就不會有詰屈聱牙的感覺了。最後清水茂教授提出因為偽《古文尚書》是贗鼎，不研究偽《古文尚書》也是當然的事情，但是偽《古文尚書》這部以經典面貌出現的書，應該給予更多的注意。以他出現的時代來看，可以當作六朝時代思想的作品來研究，其中應該會發現許多和當時思想有關連的地方。《文選》中所選的各種文章皆被大量的引用，那麼時間更早的偽《古文尚書》又何嘗不能如此對待他。最後清水茂教授認為中國學者應該更重視偽《古文尚書》。

1968 年），第七卷。

〔註 7〕 該文收錄在：《清水茂漢學論集》（北京：中華書局，2003 年 10 月），頁 16～22。

第三節　僞書的問題

僞書的定義，一般有狹義與廣義的分別。廣義的如張心澂（1887～1973）《僞書通考》中〈例言〉所列的收書準則：

1、凡一書的全部分或一部分是僞造的，和發生過僞造之疑問者，都列入。

2、凡書本非僞，因誤認撰人時代，照所誤認的撰人或時代論，即成僞書者，故亦列入。

3、以亡佚之書，合於前兩項者，亦列入。

4、已列入之書，他的來源和辨僞有關者，也列入。〔註8〕

他認爲的僞書標準，應該爲前兩項，而後兩項是和《僞書通考》這本著作收書有關的補充準則。另外，如徐有富先生在《文獻學研究》中說：

如果書的實際責任者與所署的責任者相符，則眞；如果全書或書中一部分的實際責任者與所署責任者不符，則全僞或部分僞。〔註9〕

此外，還有許多學者有著相類似的標準，無法一一列出。然而按照這樣的標準來檢查書籍，現在所流傳的古書，眞可如明代胡應麟（1551～1602）在《四部正訛》中所說：「余讀秦漢諸古書，核其僞幾十七焉。」〔註10〕或是像清代張之洞（1837～1909）在《輶軒語・論學》中所提：「一分眞僞，而古書去其半。」用這樣廣泛的定義去看古書，僞書的數量就太多了。例如《史記》中〈屈原賈生列傳〉中末尾有一段話：

及孝文崩，武皇帝立，舉賈生之孫二人至郡首。而賈嘉最好學，世其家，與余通書，至孝昭時，列爲九卿。〔註11〕

《史記》作者毫無疑問是漢武帝時人司馬遷，但書中卻記載了漢昭帝時的歷史，按照上面的標準來看，《史記》也是一本僞書了。

然而根據張舜徽（1911～1992）先生的《中國古代史籍校讀法》所說：

1、遠古的書，都找不到作者主名。

〔註8〕 張心澂《僞書通考》（香港：友聯出版社，不著出版年月），頁14。

〔註9〕 徐有富、徐昕《文獻學研究》（南京：江蘇古籍出版社，2002年3月），頁24。

〔註10〕 胡應麟《四部正訛》（合肥：安徽教育出版社，2002年6月，《中華漢語工具書書庫》，第83冊）。

〔註11〕 瀧川龜太郎《史記會注考證》（台北：大安出版社，1998年9月），頁991。

2、有些書原來本沒有篇題和書名。

3、有些書是後世寫的,卻把作者遠託古人。

4、有些書的內容,雜入了後人附加的話。

5、古代歷史書籍中,有並存異說、變異舊文之例

6、古代歷史書籍中,有自加注語之例。

7、古代歷史書籍中,不可能沒有疏忽、牴牾和錯誤。〔註12〕

古人著書時,體例本和今人不同,不能一概用現在的眼光去看古時候的書籍,上面的例子就是第四點所說,有些書的內容,雜入了後人附加的話。古代書籍,流傳日久,不能因為這樣短短的幾句後人所加之字語,就將《史記》打入偽書一流。

而狹義的偽書,則如杜澤遜先生在《文獻學概要》中說道:

> 所謂偽書,就是一書的公認著者及時代並非這書的真正著者及時代,這書即被稱為偽書。……書中有假的史料,或者書的版本被人做了手腳,如以明本冒充宋本,都不在偽書之列。〔註13〕

或如劉兆祐先生的《中國目錄學》所說:

> 所謂「偽書」,即書上所題之時代及作者,與真正之時代、作者不相符者,即謂之「偽書」。〔註14〕

狹義的偽書,只是討論作者和書的關係。這本書全部和後人所認知的作者無關,那麼此書才是偽書;如果只是一部分和後人所認知的作者無關,那麼只有部分是偽書,不能直接將整本書都打入偽書之流。而本論文的觀點是從狹義的偽書觀點出發的。

為何要將廣義和狹義的偽書定義看得這麼重呢?因為偽書作偽的動機,有正面的,也有負面的,歷來學者往往關心負面的動機。例如梁啓超(1873~1929)在其《古書的真偽及其年代》中,歸納出有意作偽的動機有六:(1)托古、(2)邀賞、(3)爭勝、(4)炫名、(5)誣善、(6)掠美〔註15〕。張心澂在其《偽書通考》中,則歸納作偽的原因為:(1)借重古時有名的人,以

〔註12〕張舜徽《中國古代史籍校讀法》(昆明:雲南人民出版社,2004年11月),頁165~189。

〔註13〕杜澤遜《文獻學概要》(北京:中華書局,2004年8月),頁226。

〔註14〕劉兆祐《中國目錄學》(台北:五南圖書出版公司,2002年3月),頁449。

〔註15〕梁啓超《古書的真偽及其年代》(台北:台灣中華書局,1969年)。

增高自己這一派的學術地位；（2）借重有名的人，以增高書的價值；（3）因為恨某人，假造他作的書，以陷害他；（4）因為恨某人，假他人名作書來陷害他；（5）不敢提自己真名；（6）不願提自己真名；（7）為爭勝；（8）因為貪賞牟利；（9）因為求名；（10）因為要發抒自己的才能；（11）出於遊戲；（12）因為好事〔註 16〕。從上面的觀點，可以看出作偽多是為了名或利，因此偽書給了人們非常不好的觀感。

由上觀之，傳統認為作偽之人，他們偽作文獻的原始動機，大概都是為了自身的利益出發。《古文尚書》在魏、晉時期因為戰亂頻仍，已經不傳。然而觀察晚出《古文尚書》的作偽時間，為何不是出現在晉代以後，如隋、唐時期呢？在傳統的觀念上認為魏晉南北朝時代是經學最衰微的時期〔註 17〕，而另一個經學衰微的朝代則是明朝。魏、晉、南、北朝會被認為經學衰落，是因為當時所流傳至今的經學書籍極少，在這樣的情況下，理所當然的被認為是經學衰落的年代。而明代的經學誠如《明史‧儒林傳》所說：

> 有明諸儒，專門經訓，授受源流，則兩百七十餘年間，未有以此名
> 家者。

然而在這兩個經學衰落的年代，卻又是偽造古書最多的年代，如《古文尚書》在晉代即有梅賾所獻偽《尚書孔安國傳》，在明代即有豐坊所作《古書世學》。而探究其作偽之動機，卻非梁啟超先生及張心澂先生所歸納出的那些理由。那麼理由為何呢？首先一個學者其生平的所作所為，幾乎無法脫離一個時代的學術風氣，如西漢初年，古學盛行，因此學者經由訓詁通大義，如漢初伏生傳授《尚書》，叔孫通採用古禮，加上秦代禮法，制訂漢代朝儀等。至西漢盛世則是今文學家繼而起之，成了今學的天下。至東漢欲恢復古學，到了魏、晉之際，則古學復興。而當時承戰亂之後，古籍湮沒，為了復興古學，只有從輯佚及再著作來著手。而晚出《古文尚書》就是在這樣時代氣氛下，所出現的產物。作偽者為了恢復古學，輯古書中《尚書》的句子，加以己意，編寫貫串這些古書中輯佚出來的句子，使之能夠成為首尾相連的篇章，藉此以發揚古學。其結果雖然不好，然而推究其作偽的動機，則是正面的。

用「偽作」這個含有貶義的詞來稱呼那些書名、作者、成書年代有疑問

〔註 16〕同注 1，頁 19～21。
〔註 17〕葉國良、夏長樸、李隆獻合著《經學通論》（台北：大安出版社，2006 年 10 月），頁 507。

的著作，容易導致後人將那些書籍先入為主的認定為壞的印象。因此，筆者認為將偽書限制在狹義範圍中較為合理，也能夠避免一些爭論。

其次是製作偽書的手段，就是指製造偽書的方法。杜澤遜先生的《文獻學概要》一書中，歸納出十一種方法，茲抄錄如下，並略做說明：

1、作者假託他人

這是由作者本人，托名他人而偽造出的書籍。

2、後人改題著者

這是古書流傳一段時間後，原本作者湮沒不傳。或是因為其他原因，使得作者被改變了。

3、割去序跋

4、偽撰序跋

割去和偽撰序跋是互相補充的一種作偽方法，因為序跋中常有關於本書的出版資訊，為了造偽，只好割去序跋，更有甚者，為了造偽之後使人相信，即偽撰新的序跋，以迷人耳目。

5、沿襲舊名而作新書

有些古書已經亡佚許久，不存於世。但書名、作者名仍然可以在流傳的目錄之中查考得到，因此後人借用舊名而偽作新書，並托名原本之作者，宣稱復出舊本。

6、節採某書，更易新名

這是將某一部書中的某一部分，獨立出來，換上新作者、新書名，成為另一本書。

7、綴合群書，偽造新編

這是在各種書籍中，廣泛的採取材料，加以連綴，造成一部書而號稱古書。此種造偽方法，猶如蜜蜂採花釀蜜，作偽的難度很高，因而辨偽的難度也跟著提高。

8、變亂舊例，以充新編

這是將原書的內容，東移西改，然後改題一新的著人和新的書名，成為一部新書。

9、自著自注

自己偽作古書，為了提高偽作書的真實性，再幫它作注。

10、書以篆籀而充古本

這是一種輔助的作偽手法，將偽作的書，用古代的籀文、篆書，刊刻、抄寫出來，以提高偽書的古舊程度。

11、以假攙真，竄亂舊帙

這種手法有別於誤收，誤收是無意之下，將不屬於此書或此作者的作品收進書中。而這手法在這裡指有意將他人的作品改變內容，收入真本之中。〔註18〕

偽書的類別以狹義的看法來說，當然只有一種，然而古書流傳日久，造偽手法變化繁多，因此以作偽的多寡，來區分出偽書的類別。茲依據張心澂先生《偽書通考》的總論，加以說明如下：

1、內容全偽

可分全偽和偽中偽。全偽是指內容完全為偽造，而偽中偽則是指本來就是偽書，後來連偽書都亡佚了，後人根據偽書的題名和作者，再偽造一本偽書。

2、真偽相雜

可分為偽書攙有真的材料、真書攙有偽的內容。前一項「偽書攙有真的材料」指的是，現存的題名和作者與原書無關，但這些書中的材料有些是可以指出引用源流的，這一種書，雖然大部分的內容都非聖人之言，然而其中卻存有輯佚書的性質。其中後人所偽造的部分，依據張舜徽先生的觀點：「學者如遇偽書而能降低其時代，平心靜氣以察其得失利弊，雖晚出贗品，猶有可觀，又不容一概鄙棄。」〔註19〕也就是說，如果將偽書降低到他原本的寫作時代去讀，看做後人抒發己見的文字，那麼偽書就不必像敝屣一般，棄之角落而不屑一顧了。而後一項「真書攙有偽的內容」則是指古書流傳至今，書中有意無意的被後人加入了原本不屬於這部書的內容。

3、書本不偽，但因撰人被誤認而偽

可分為因假托撰人而成偽書、誤認撰人而成偽書，這一類的只要改正現題的撰人，也可認定不是偽書了。

4、書的內容不偽，但書名是偽的

這是指書的作者、題名和書的內容相符，然而題名卻是後人增添的，題名並非作者本人自題的。〔註20〕

〔註18〕同注6，頁230～234。
〔註19〕同注5，頁257。
〔註20〕同注1，頁16～17。

　　以作偽的主要手段來說，偽《古文尚書》應可歸入於「綴合群書，偽造新編」。而以偽書的類別來區分，偽《古文尚書》當可歸類於「真偽相雜」中攙有真的材料的偽書。

第二章 《尚書》的出現與流傳

第一節 《尚書》的由來及《今古文尚書》的來源

一、《尚書》的由來

　　爲什麼要叫《尚書》，唐代孔穎達（574～648）《尚書正義》〈尚書序〉解釋是說：「尚者，上也。言此上代以來之書，故曰《尚書》。」〔註1〕這是說《尚書》是從上古流傳下來，時間久遠的書，而且記載的也是上古之事，所以稱爲《尚書》。

　　而後唐代孔穎達又在《尚書正義》中引鄭玄（127～200）曰：「尚者上也，尊而重之，若天書然，故曰《尚書》。」〔註2〕這是指《尚書》是上天所授或是聖人所傳，所以稱爲《尚書》。或者又如王肅曰：「上所言，史所書，故曰《尚書》。」〔註3〕王肅的意思是《尚書》這個名稱，是因皇帝的講話，而讓史官書寫記錄下來的，所以稱爲《尚書》。而近人羅香林（1906～1978）提出《尚書》之「尚」，爲「唐」字之通轉〔註4〕。羅香林先生的觀點有四：（1）《尚書》的篇章始於〈堯典〉，而帝堯號陶唐氏；（2）唐、尚古字相近，兩字易混用；（3）唐、尚古音相通；（4）觀全書有〈虞書〉、〈夏書〉、〈商書〉、〈周書〉

〔註1〕孔穎達《尚書正義》（台北：藝文印書館，1979年，阮元校勘《十三經注疏》本），頁5。
〔註2〕同注12。
〔註3〕同注12。
〔註4〕羅香林《尚書名義釋》，《大陸雜誌》3卷5期（1951年9月），頁11～19。

等，而〈堯典〉爲追記堯事，卻不列唐書，有可能唐書從專名變爲全書之通名。然而程元敏先生在其《尚書學史》中，一一駁正羅香林先生的觀點，認爲兩漢經師絕無稱《尚書》爲《唐書》；唐、尚形非近、義不同不易混淆，也難通用；唐、尚音雖近，然而專名宜用本字，不宜用假借字；群經皆不以首篇或首篇所屬朝代作爲全書之統名。〔註5〕

《尚書》之「尚」，各家說法不一，可釋爲「上古」、「上天」、「上所言」或「唐」。而閱讀今所傳之《古文尚書》不含僞作部分，以內容觀之多記上古之事，以體裁來看，爲記上位者之言。是以《尚書》之「尚」釋以「上古」或「上所言」爲佳。

二、《今文尚書》的來源與流傳

相對於《古文尚書》的則是《今文尚書》，今古文的不同在於記載字體方法的不同。今文是用漢代文字寫成，而古文則是用秦代以前的文字記錄的。

《今文尚書》傳自漢代伏生，《史記·儒林列傳》曰：

> 「伏生者，濟南人也。故爲秦博士。孝文帝時，欲求能治《尚書》者，天下無有，乃聞伏生能治，欲召之。是時伏生年九十餘，老，不能行，於是乃詔太常使掌故朝錯往受之。秦時焚書，伏生壁藏之。其後兵大起，流亡，漢定，伏生求其書，亡數十篇，獨得二十九篇，即以教于齊魯之間。學者由是頗能言《尚書》，諸山東大師無不涉尚書以教矣。」〔註6〕

這是說秦代焚書時，博士伏生將《尚書》藏在牆壁的夾層之中，保存了下來。到了漢文帝時，尋求能通《尚書》的人，但由於伏生老不能行，於是派朝錯（前200～前154）到伏生家學習《尚書》。

另有歐陽生所傳之《今文尚書》。歐陽生，名容，字和伯。著有《今文尚書》經三十二卷、《歐陽章句》三十一卷、《歐陽說義》二篇〔註7〕。成爲西漢《今文尚書》歐陽學說的開創者〔註8〕。

〔註5〕程元敏《尚書學史》（台北：五南圖書出版公司，2008年6月），頁26～27。
〔註6〕同注4，頁1257。
〔註7〕班固《漢書》（台北：洪氏出版社，1975年9月），頁1705。
〔註8〕《漢書儒林傳》：「伏生教濟南張生及歐陽生……歐陽生字和伯，千乘人也。事伏生，授倪寬·……寬授歐陽生子，世世相傳，至曾孫高子陽，爲博士……由是尚書世有歐陽氏學。」

另有大、小夏侯所傳之《今文尚書》。大夏侯名勝，勝從歐陽始昌、倪寬之後學及歐陽氏問學〔註9〕。勝之從兄子夏侯建師事歐陽勝及歐陽高，又從五經諸儒問學。大、小夏侯二家各傳《今文尚書》；大、小夏侯《章句》各二十九卷；大、小夏侯《解故》二十九篇〔註10〕。

朝錯所傳之《今文尚書》錄自伏生口述，而歐陽氏及大、小夏侯所傳在《漢書・藝文志》顏師古注曰：「此二十九卷，伏生傳授者。」由此而論，世所傳之《今文尚書》皆為伏生所傳或與其有關，可謂伏生是傳《今文尚書》的源頭。其後《今文尚書》在魏、晉之間滅亡，端賴偽《古文尚書》延續其命脈。

三、《古文尚書》的來源與流傳

《古文尚書》在漢代時有三種，一個是西漢河間獻王（～前 129）所藏，另一個是出於孔子家宅；而東漢時扶風杜林（～47）也有漆書《古文尚書》。

（一）西漢河間獻王本：

《漢書・景十三王傳》：

> 河間獻王德以孝景前二年立，修學好古，實事求是。從民得善書，必為好寫與之，留其真，加金帛賜以招之。縣是四方道術之人不遠千里，或有先祖舊書，多奉以奏獻王者，故得書多，與漢朝等。是時，淮南王安亦好書，所招致率多浮辨。獻王所得書皆古文先秦舊書，〈周官〉、〈尚書〉、〈禮〉、〈禮記〉、〈孟子〉、〈老子〉之屬，皆經傳說記，七十子之徒所論。〔註11〕

然而此河間獻王本之後就沒有流傳的紀錄，或許流入中秘，或許散入民間，或許毀於灰燼，不得而知，似已不傳。而此書之來源有二說，一說是此書為魯恭王所得孔壁舊書之抄寫本；一說為此是一般民間所保留下來，沒有毀於秦朝焚書及戰火，不同於孔壁的版本。持第一說者謂獻王德與恭王餘年齡相近，且獻王好古愛書，得知恭王有新出孔壁之書，其原書入藏中秘，必據以抄錄一份。如王國維（1877～1927）的〈漢時古文諸經有轉寫本說〉曰：

〔註 9〕《漢書》卷 75〈夏侯勝傳〉。
〔註10〕同注 18，頁 1705。
〔註11〕同注 20，卷 53。

然漢時古文經傳蓋已有傳寫本，雖無確證，然可得而懸度也。〈河間
獻王傳〉言獻王從民得善書，必爲好寫與之，留其眞，此就眞本可
得者言之。若眞本不可得，則必降而求寫本矣。〈傳〉記獻王所得古
文舊書，有《尚書》、《禮》，此二書者，皆出孔壁，或出淹中，未必
同時更有別本出。而獻王與魯恭王本系昆弟，獻王之薨，僅前于恭
王二年，則恭王得書之時，獻王尚存，不難求其副本，故河間之《尚
書》及《禮》，頗疑即孔壁之傳寫本。此可懸擬者一也。〔註12〕

持此論者尚有蔣善國、張西堂、程元敏等人。

第二說者指獻王書爲民間其他版本，不同於孔壁者，如陳柱（1891～1944）
在其《尚書論略》言

《漢書》明言民間有先祖舊書，多以奏獻王。又云獻王所得書，皆
古文先秦舊書。則其爲先秦舊寫本而非出自孔壁明矣。漢去周秦未
遠，秦雖燔書，然民間好書而藏之者當不只伏、孔二壁中，則古寫
本之久而間出，亦非必無之事也。〔註13〕

此指民間藏書不一定非得只有孔壁一孤本，海內方家，壁藏舊書，皆有可能。
就情理推之，此鈔本可爲孔壁舊藏第一手或轉鈔多次之傳寫本；也可爲非孔
壁的另一個版本。此獻王本後世不傳，也無當時其他文獻有引用此鈔本中之
資料，因此無法探察其內容。雖持第一論者爲多，然而未必能作爲最後的定
論。

（二）孔子家宅本：

《漢書·藝文志》：

《古文尚書》者，出孔子壁中。武帝末，魯共王壞孔子宅，欲以廣
其宮，而得《古文尚書》及《禮記》、《論語》、《孝經》凡數十篇，
皆古字也。……孔安國者，孔子後也，悉得其書，以考二十九篇，
得多十六篇。安國獻之。遭巫蠱事，未列于學官。劉向以中古文校
歐陽、大小夏侯三家經文，〈酒誥〉脫簡一，〈召誥〉脫簡二。率簡
二十五字者，脫亦二十五字，簡二十二字者，脫亦二十二字，文字

〔註12〕 王國維〈漢時古文諸經有轉寫本說〉，《觀堂集林》（台北：河洛圖書出版社，
1975年）。

〔註13〕 陳柱《尚書論略》，《民國時期經學叢書》第二輯，第29冊（臺中市：文听閣
圖書公司，2008年7月），頁48。

異者七百有餘，脫字數十。〔註14〕

《漢書·劉歆傳》：

> 及魯恭王壞孔子宅，欲以爲宮，而得古文於壞壁之中，《逸禮》有三十九，《書》十六篇。天漢之後，孔安國獻之，遭巫蠱倉卒之難，未及施行。〔註15〕

此二篇可互相參看，講的是同一件事。漢武帝（前 140～前 86）時，魯恭王爲了擴大自己的宮殿，因此拆毀了孔子的舊宅，從孔宅牆壁中發現《古文尚書》等書。當時的學者孔安國，將此部書和當時通行的《今文尚書》校讀，多出了十六篇。這是《古文尚書》出於孔壁之中，由孔安國獻給官府這一說法的由來〔註16〕。而其後劉歆所傳之中秘本，或爲此書之原本，或是此書之副抄。因恭王並非如獻王之好書，得此孔壁《尚書》，應當是會獻給中央政府收藏才是。

（三）東漢扶風杜林漆書本：

杜林，字伯山，東漢扶風茂陵人，官至大司空。其得書經過《後漢書·杜林傳》載之：

> 河南鄭興、東海衛宏等，皆長於古學。興嘗師事劉歆，林既遇之，欣然言曰：「林得興等固諧矣，使宏得林，且有以益之。」及宏見林，闇然而服。濟南徐巡，始師事宏，後皆更受林學。林前於西州得漆書古文尚書一卷，常寶愛之，雖遭難困，握持不離身。出以示宏等

〔註14〕 同注 20，頁 1706。

〔註15〕 同注 20，卷 30。

〔註16〕 然而後人多有批評，認爲孔安國本人應該無法親自將此書獻給朝廷，因此這條資料的可信度宜存疑。其反對孔安國獻書的理由爲《史記·孔子世家》記載：子襄生忠，年五十七。忠生武，武生延年及安國。安國爲今皇帝博士，至臨淮太守，蚤卒。安國生卬，卬生驩。

按照閻若璩《尚書古文疏證》卷二曰：「又按：予嘗疑安國獻《書》，遭巫蠱之難，計其年必高，與馬遷所云蚤卒者不合。信《史記》蚤卒，則《漢書》之獻《書》必非安國；信《漢書》獻《書》，則《史記》之安國必非蚤卒。然馬遷親從安國遊者也，記其生卒，必不誤者也。竊意天漢後，安國死已久，或其家子孫獻之，非必其身，而苦無明證。越數載，讀荀悅《漢紀·成帝紀》云：『魯恭王壞孔子宅，得古文《尚書》，多十六篇。武帝時，孔安國家獻之。會巫蠱事，未列於學官。』於『安國』下增一『家』字，足補《漢書》之漏。益自信此心此理之同。而《大序》所謂作《傳》畢，會國有巫蠱。出於安國口中，其僞不待辨矣。」

曰：「林流離兵亂，常恐斯經將絕。何意東海衛子、濟南徐生復能傳
之，是道竟不墜於地也。古文雖不合時務，然願諸生無悔所學。」
宏、巡益重之，於是古文遂行。〔註17〕

另外《東觀漢記・杜林本傳》也有杜林此書的紀錄；

杜林……於河西得漆書《古文尚書經》一卷，每遭困厄，握抱此經。
〔註18〕

從上可知杜林從西州（或謂河西，此兩處皆指今甘肅省境。）偶得此漆書古
文一卷。而杜林於西州得書的時間有兩種說法。第一種為杜林第一次隨父親
杜鄴到任涼州刺使之時，此為西漢哀帝（前6～元年）之時。第二種說法為杜
林本身為逃避赤眉、綠林戰亂，歸隗囂之時，此為新莽地皇三年（西元二十
三年）至東漢光武建武六年（西元三十年）杜林持喪東歸之間。持第一說者
程元敏先生《尚書學史》、金德建（1909～1996）《經今古文字考》〔註19〕。
程元敏先生指出〈杜林本傳〉謂「常寶愛之，雖遭難困，握持不離身」及「林
流離兵亂，常恐斯經將絕」等語。認為如果是杜林第二次去西州時才得到此
漆書，似乎不至於流離兵亂。而如果將杜林得此漆書之時間往前推移二十年，
正可符合西漢、新莽、東漢交界時的亂世之像。且其本傳載「林前於西州得
漆書《古文尚書》一卷」，而《東觀漢記》載「先與鄭興同居於隴右」。因此
得書是在與鄭興同居隴右之「前」，因此本句中「前」字正是指第一次去西州
之時。

然而《後漢書・本傳》：「出以示宏等曰：『林流離兵亂，常恐斯經將絕。
何意東海衛子、濟南徐生復能傳之。』」可知杜林是將此漆書出示於衛宏及徐
巡，而非鄭興。而這「前」字指的當為遇見衛宏及徐巡之前。然史傳沒有詳
細紀錄關於衛宏及徐巡的生平，因此無法得知此二人與杜林的見面時間。因
此，是否可據此認為杜林得漆書在第一次到涼州之時，未可盡言。

新莽末年，赤眉亂起，杜林逃奔西州，遭隗囂強帶在身邊，《後漢書・杜
林傳》：

隗囂素聞林志節，深相敬待，以為持書平。後因疾告去，辭還祿食。
囂復欲令彊起，遂稱篤。囂意雖相望，且欲優容之，乃出令曰：「杜

〔註17〕范曄《後漢書》（台北：洪氏出版社，1975年9月），卷79。
〔註18〕劉珍《東觀漢記》（台北：台灣商務印書館，1986），卷19。
〔註19〕金德建《經今古文字考》（濟南：齊魯書社，1986年），頁264。

伯山天子所不能臣，諸侯所不能友，蓋伯夷、叔齊恥食周粟。今且從師友之位，須道開通，使順所志。」林雖拘於囂，而終不屈節。建武六年，弟成物故，囂乃聽林持喪東歸。既遣而悔，追令刺客楊賢於隴坻遮殺之。賢見林身推鹿車，載致弟喪，乃歎曰：「當今之世，誰能行義？我雖小人，何忍殺義士！」因亡去。〔註20〕

雖然隗囂優容之，然而杜林「終不屈節」，從地皇三年至建武六年東歸，約六到七年的時間，並不算短，這可謂「流離兵亂」。因此得書時間的第一說隨父親杜鄴到涼州時或第二次客居西州時得書，似乎並無法做出明確的推論，因此先置之不論吧。

「杜林漆書《尚書》」蔣善國《尚書綜述》〔註21〕中稱「此漆書是用漆黑色的墨寫在紙帛上的」；陳夢家《尚書通論》〔註22〕：「此漆書稱卷，知非竹簡本。」；王鳴盛《尚書後案》「古無紙筆，以漆書竹簡。」〔註23〕。此書之載體並無明確記錄是竹簡或縑帛。劉起釪先生在其《尚書學史》中所說：「本來是竹簡所寫者稱篇，縑帛所寫者稱卷，習稱後，離開所寫之物，而以一題為一篇，一定數量之篇寫在一卷簡或帛者為一卷。」〔註24〕此說為是。

而此一卷本《古文尚書》陳夢家先生在其《尚書通論》的〈校補後記〉〔註25〕中認為這一卷就是《古文尚書序》，史書所言賈逵（30～101）、馬融（79～166）及鄭玄所注解的就是這一卷漆書書序，其所述證據有五：（1）、西漢所謂十餘篇《古文尚書》，其經文未有流傳；劉歆《世經》所引只是二十九篇外的《書序》。（2）、東漢馬、鄭所注傳注，除二十九篇外幾乎遍注了包括今文、古文的《百篇書序》。（3）、《經典釋文‧序錄》：「今馬、鄭之徒百篇之序總為一卷。」熹平石經書序亦在經後，戰國以來諸書之序皆附書後。（4）、西晉束皙所引「孔子壁中尚書將使宅殷」也是《書序》，東漢學者引《書序》亦稱《尚書》，如《白虎通‧誅伐篇》「《尚書》曰武王伐紂」，《太平御覽》卷340引作《尚書序》。（5）、《堯典正義》引「鄭玄注書序」、「馬融書序」即《周本

〔註20〕 同注30。
〔註21〕 蔣善國《尚書綜述》（上海：上海古籍出版社，1988年3月），頁51。
〔註22〕 陳夢家《尚書通論》（北京：中華書局，2005年6月），頁45～46。
〔註23〕 王鳴盛《尚書後案》（《續四庫全書》第45冊，據華東師範大學圖書館藏清乾隆45年禮堂刻本影印，上海：上海古籍出版社，1995年），頁48。
〔註24〕 劉起釪《尚書學史》（北京：中華書局，1989年6月），頁129。
〔註25〕 同注28，頁401。

紀集解》所引《古文尚書序》。東漢除杜林一卷漆書外，別無其他古文本子，
則馬、鄭爲杜林的《古文尚書》作傳注或即是爲此一卷書序作傳注。

　　陳夢家先生此種說法未被眾人所接受，因其證據多爲臆推理所得。而今
杜林漆書《古文尚書》未有傳本，程元敏先生在其《尚書學史》中輯有杜林
《書》說三條，然皆與《書序》無關，所以現在無法明確得知陳說所得爲是
爲非。

《後漢書‧儒林傳》：

　　　　扶風杜林傳古文尚書，林同郡賈逵爲之作訓，馬融作傳，鄭玄注解，
　　　　由是古文尚書遂顯于世。

依此論述，後世《古文尚書》學大興，追溯其源頭，當推杜林。接受此說者
如劉起釪《尚書學史》、陳夢家《尚書通論》等。而程元敏先生《尚書學史》
力排眾議，認爲此說爲非，其證據有四：（1）依《漢書‧儒林傳》賈逵師承
塗惲及其父賈徽，不從杜林學《古文尚書》。（2）依《尚書正義》賈逵次第《百
篇書》依劉向《別錄》。（3）馬融受業摯恂〔註26〕，摯恂典校東觀，應該可以
看到中秘《古文尚書》，所以馬融注《尚書》當爲孔壁本，或說中秘本。（4）
鄭玄師事馬融，所以其注《古文尚書》也應該是孔壁本，或說中秘本。

　　賈逵、馬融被誤會注杜林《尚書》是因爲和杜林爲同鄉，又是後學，大
概因爲地緣關係，所以想當然爾的被誤會。而鄭玄又接受了賈逵、馬融一系
的《尚書》學說，因此自然和杜林無關。

　　程元敏先生此四說多依師說傳承爲據。而其又引《尚書正義》引鄭玄《書
贊》曰：「我先師棘下生亦好此學，衛（宏）、賈（逵）、馬（融）二三君子之
業，則雅才好博，既宣之矣。」以此觀之，即使賈逵、馬融等未傳杜林之《尚
書》學，然而衛宏卻是有記載的傳杜林《尚書》學，《後漢書‧杜林傳》：

　　　　……出以示宏等曰：「林流離兵亂，常恐斯經將絕。何意東海衛子、
　　　　濟南徐生復能傳之，是道竟不墜於地也。古文雖不合時務，然願諸
　　　　生無悔所學。」宏、巡益重之，於是古文遂行。

即使賈逵、馬融是因爲同鄉後學而被誤解，但退一步而言，杜林傳衛宏，衛
宏傳鄭玄，因此鄭玄注解《尚書》時很難說完全沒有接受杜林的《尚書》學
說。

〔註26〕范曄《後漢書》（台北：洪氏出版社，1975年9月），〈馬融傳〉：馬融字季長，
　　　　扶風茂陵人也……京兆摯恂以儒術教授……融從其遊學…

　　《古文尚書》的來源大約如上所述，有西漢河間獻王所藏，另一個是孔子家宅本，或說中秘本；以及東漢時扶風杜林漆書本這三本。然而這三本《古文尚書》經過魏、晉之間戰火之摧殘，今皆已不傳。

第二節　《古文尚書》的出現與內容

　　《古文尚書》最早西漢時已有，是為「河內女子偽〈泰誓〉篇」以及東萊張霸「百二篇尚書」；其後有東晉時期梅賾〔註27〕獻上之「偽《古文尚書》」；南北朝時代之南齊姚方興「偽舜典」以及明代豐坊之《古書世學》。所偽之作，有數十字者，也有單篇、多篇以及全書者。

一、河內女子〈泰誓〉篇

　　〈泰誓〉篇在漢初伏生所傳之《尚書》中並無此篇，如《古文尚書・泰誓正義》所說：

> 《尚書》遭秦而亡，漢初不知篇數，武帝時有太常蓼侯孔臧者，安國之從兄也，與安國書云：時人惟聞《尚書》二十八篇，取象二十八宿，謂為信然，不知其有百篇也。然則漢初惟有二十八篇，無〈泰誓〉矣。

又劉歆〈移太常博士書〉：

> 至孝文皇帝，始使掌故晁朝錯，從伏生受尚書。尚書初出於屋壁，朽折散絕，今其書見在，時師傳讀而已。……至孝武皇帝……泰誓後得，博士集而讀之。

又《古文尚書・泰誓正義》引馬融《書序》曰：

> 馬融《書序》曰：〈泰誓〉後得。

由此可知漢初之時，並無〈泰誓〉之流傳，據劉歆之書，可知到了漢武帝時才得到〈泰誓〉。

　　此本後得之〈泰誓〉得之於民間，或曰得之於河內女子。如《尚書正義・書序》引鄭玄《書論》曰：「民間得〈泰誓〉。」又曰：

> 劉向《別錄》武帝末，民有得〈泰誓〉書於壁內者，獻之。與博士使讀說之，數月皆起，傳以教人……王充《論衡》及《後漢史》獻

帝建安十四年黃門侍郎房宏等說云：「宣帝本始元年，河內女子有壞
老子屋，得古文〈泰誓〉三篇。」《論衡》又云：「以掘地所得者。」

由孔穎達《尚書正義‧書序》可知此本〈泰誓〉大約在漢武帝時，由民間所
獻，而獻書之人可能是河內女子，因拆除舊房子而在牆壁中得到此篇〈泰誓〉
獻上。

而王充及房宏等云「宣帝本始元年」得此〈泰誓〉，應為武帝時才對。因
為《尚書正義‧書序》曰：

今《史》、《漢》書皆云伏生傳二十九篇，則司馬遷時已得〈泰誓〉，
以並歸於伏生，不得云宣帝時始出也。則云宣帝時女子所得，亦不
可信。或者爾時重得之，故於後亦據而言之。《史記》云伏生得二十
九篇，〈武帝紀〉載今文〈泰誓〉末篇，由此劉向之作《別錄》，班
固為〈儒林傳〉，不分明，因同於《史記》。而劉向云武帝末得之〈泰
誓〉，理當是一。

又《尚書正義‧泰誓》：

《漢書》婁敬說高祖云：武王伐紂，不期而會盟津之上者八百諸侯。
僞〈泰誓〉有此文，不知其本出何書也。武帝時董仲舒對策云：《書》
曰：白魚入于王舟，有火入于王屋，流為鳥。周公曰：複哉！複哉！。
今引其文，是武帝之時已得之矣。

由上可知得書之時，約在漢武帝時，王充及房宏等說為宣帝時得之，並不正
確。而為何會誤說為宣帝時呢？陳夢家《尚書通論》曰：

「本始」，阮校本《尚書》作「泰和」，校勘記云：宋本、閩本同，
毛本作本始。此可證毛本「本始」之「本」或作「泰」。疑「本始」
是「太始」之譌，太始正當武帝末，後人因譌太始為本始，故誤為
宣帝時。〔註28〕

此說精當，「太」、「本」字形相近，在傳抄轉寫過程之中，因形近而訛寫，後
人因據此訛寫之本，而將得書的時間由漢武帝推遲到漢宣帝了。

考辨河內女子〈泰誓〉篇始於東漢馬融，《尚書正義‧泰誓》引馬融《書
序》曰：

〈泰誓〉後得，案其文似若淺露。又云：「八百諸侯，不召自來，不
期同時，不謀同辭。」及「火複於上，至於王屋，流為雕，至五，

〔註28〕同注28，頁54。

以穀俱來。」舉火神怪，得無在子所不語中乎？又《春秋》引〈泰
誓〉曰：民之所欲，天必從之。《國語》引〈泰誓〉曰：朕夢協朕卜，
襲於休祥，戎商必克。《孟子》引〈泰誓〉曰：我武惟揚，侵於之疆，
攻彼兇殘，我伐用張，于湯有光。《孫卿》引〈泰誓〉曰：獨夫受。
《禮記》引〈泰誓〉曰：予克受，非予武，惟朕文考無罪。受克予，
非朕文考有罪，惟予小子無良。今文〈泰誓〉，皆無此語。吾見書傳
多矣，所引〈泰誓〉而不在〈泰誓〉者甚多，弗複悉記，略舉五事
以明之，亦可知矣……王肅亦云：〈泰誓〉近得，非其本經。

疑〈泰誓〉者，馬融首開其風，後王肅續言之。程元敏先生在其《尚書學史》
中列舉六事以證其偽，曰：(1) 年月不與《書序》相應、(2) 得書晚近可疑、
(3) 文辭似淺露、(4) 先秦書傳引〈泰誓〉而悉不見於今〈泰誓〉、(5) 白
魚躍舟、火流爲雕、以穀俱來，語皆神怪，《尚書》不當有、(6) 白魚火屋云
云，爲漢人五行說。程元敏先生舉此六事可證此河內〈泰誓〉爲僞。

也有另一種說法，說此〈泰誓〉本非先秦所傳經文，乃是傳而非經，如
陳夢家《尚書通論》〔註29〕所列舉諸條：(1)《史記》所引〈泰誓〉是《尚書
大傳》之文。(2) 董仲舒《春秋繁露》中引他篇《尚書》皆云「《書》曰」，
而獨引〈泰誓〉之文稱《尚書傳》。(3) 漢武帝立河內〈泰誓〉爲學官之前，
《尚書大傳》中已有〈泰誓書〉或〈太誓篇〉，下引「漢書婁敬傳」、「漢書武
帝紀」、「漢書終軍傳」、「漢書司馬相如傳」、「春秋繁露同類相動篇」、「史記
周本紀」等六條，證之漢武帝前漢人引〈泰誓〉不曰《書》，但云《傳》。再
舉武帝後漢人引〈泰誓〉則爲「書曰」如：「漢書平當傳」、「漢書谷永傳」、「漢
書敘傳」、「漢書禮樂志」、「漢書郊祀志」、「孟子離婁篇下趙注」、「白虎通之
『諫諍篇』『禮樂篇』『爵篇』」。許錟輝先生〈僞古文〈泰誓〉疏證〉〔註30〕
中說的更爲簡要：戰國初，當有說〈大誓〉本事作意之書。有類後世之《書
序》、《書傳》，戰國中葉以後，〈大誓〉本經既亡，而此等說〈大誓〉之書，
則流行民間，故《墨子》〈非攻下〉、《呂氏春秋》〈召類篇〉得徵引其赤烏瑞
兆之說，以其非〈大誓〉本經，故不稱書云，不舉篇名也。

據此，則河內〈泰誓〉乃說經之傳，而非本經。然伏生之時，經已不傳，

〔註29〕同注28，頁54～56。
〔註30〕許錟輝〈僞古文〈泰誓〉疏證〉，《木鐸》第8期（1979年12月），頁131～
149。

至漢武帝時不得以而用此說經之傳立於學官。

此河內〈泰誓〉漢武帝時立於學官，錄入歐陽、大小夏侯《尚書》，後馬融、王肅、鄭玄等均爲立於學官之《尚書》爲注解。舊唐書經籍志甲部經錄書類尚著錄有：古文尚書十三卷孔安國傳、又十卷馬融注、又九卷鄭玄注、又十卷王肅注。而唐〈志〉以後，就沒有著錄了。又《史記·周本紀》引：

> 「……既渡，有火自上復于下，至于王屋，流爲烏，其色赤，其聲魄云。是時，諸侯不期而會盟津者八百諸侯。諸侯皆曰：『紂可伐矣。』」
>
> 武王曰：『女未知天命，未可也。』

此條下司馬貞索隱曰：「皆見〈周書〉及〈今文泰誓〉。」但僞《古文尚書·泰誓》中並無此數語，可知唐代時河內〈泰誓〉（即索隱所謂「今文泰誓」）與僞《古文尚書·泰誓》並存於世。

孫星衍〈古文尚書馬鄭注序〉〔註31〕：「〈尚書〉……五厄于孔穎達，則以是爲非，而馬鄭之注亡於宋。」因此這本河內〈泰誓〉在唐代尚有著錄，而亡佚於宋代。現存之〈泰誓〉是晚出之僞《古文尚書》中所記載的。

二、東萊張霸「百兩篇尚書」本

張霸漢成帝（前51～前7）時人，籍貫爲東萊郡，或做東海郡人。

《漢書·儒林傳》：

> 世所傳百兩篇者，出東萊張霸，分析合〔註32〕二十九篇以爲數十，又采《左氏傳》、《書序》爲作首尾，凡百二篇。篇或數簡，文意淺陋。成帝時求其古文者，霸以能爲百兩徵，以中書校之，非是。霸辭受父，父有弟子尉氏樊並。時太中大夫平當、侍御史周敞勸上存之。後樊並謀反，乃黜其書

《論衡·佚文篇》：

> 孝成皇帝讀百篇《尚書》，博士郎吏莫能曉知，徵天下能爲《尚書》者。東海張霸通《左氏春秋》，案百篇序，以《左氏》訓詁造作百二篇，具成奏上。成帝出秘《尚書》以考校之，無一字相應者，成帝

〔註31〕孫星衍輯《古文尚書馬鄭注序》（北京：中華書局，1985年，影印《岱南閣叢書》本）。

〔註32〕清代王念孫《讀書雜志》（台北：臺灣商務印書館，1978）卷4之14：「合」字與上下文不相屬，蓋「今」字之誤，「今」謂伏生所傳書也。

下霸於吏，吏當器辜大不謹敬。成帝奇霸之才，赦其辜，亦不滅其
經，故百二《尚書》傳在民間。

《論衡・正說篇》：

至孝成皇帝時，徵爲古文《尚書》學。東海張霸案百篇之序，空造
百兩之篇，獻之成帝。帝出秘百篇以校之，皆不相應，於是下霸於
吏。吏白霸罪當至死，成帝高其才而不誅，亦惜其文而不滅。故百
兩之篇，傳在世間者，傳見之人則謂《尚書》本有百兩篇矣。

《論衡、感類篇》：

應曰：以《百兩篇》曰：「伊尹死，大霧三日。」大霧三日，亂氣矣，
非天怒之變也。東海張霸造《百兩篇》，其言雖未可信……

由上可知，西漢成帝時，下詔求書，張霸依照百篇〈書序〉的篇目爲綱，在
其中塞入《左氏春秋》訓詁的內容，而成百兩篇《尚書》。然而書獻時，朝廷
以內藏之《尚書》或讓劉向〔註 33〕校對，張霸之書內容和朝廷所藏沒有一
字相對應，因此在獻書不久，這本僞書就已經被識破爲作僞了。西漢成帝將
張霸交給相關官員審判，然而因爲愛惜他的才華，最後赦免了張霸的罪。而
張霸所獻的「百兩篇《尚書》起先也存放於政府內，後來因爲張霸父親的學
生犯罪受到株連，朝廷將收藏的百兩篇《尚書》」剔除掉了。所以《漢書・藝
文志》中並未著錄這本書。閻若璩《尚書古文疏證》卷一第三：

張霸所僞造乃百兩篇，在當時固未嘗售其欺也。百兩篇不見於〈藝
文志〉，而只附見〈儒林傳〉……若張霸百兩篇甫出而即敗，著於人
耳目者，王充淺識，亦知未可信……

張霸百兩篇甫出而即敗，可說是這本僞書的下場。此「百兩篇《尚書》」雖說
即出即滅，然而當時已有流傳在民間，現在已無法得知是張霸或是張霸之父〔註
34〕用以教授學生而流傳於外，或是自政府收藏時或剔除後流出，所以王充《論
衡・感類篇》中引用：「伊尹死，大霧三日。」現存有清王謨《漢魏遺書鈔》
及黃奭《黃氏佚書考》輯本。

〔註 33〕陸德明《經典釋文・序錄》（台北：台灣商務印書館，1983 年，通志堂本）「以
　　　　中書校之」則爲「劉向校之」。
〔註 34〕《漢書・儒林傳》：「霸辭受父」張霸自稱此本「百兩篇《尚書》」是其父親傳
　　　　授給他的。

三、梅賾 〔註35〕 所獻《古文尚書》本

《尚書》學術流傳，《隋書・經籍志》〈書類序〉所說頗為明瞭：

> 書之所興，蓋與文字俱起。孔子觀書周室，得虞、夏、商、周四代
> 之典，刪其善者，上自虞，下至周，為百篇，編而序之。遭秦滅學，
> 至漢，唯濟南伏生口傳二十八篇。又河內女子得泰誓一篇，獻之。

由上可知《尚書》由先秦至漢初之流傳。漢初《尚書》即為伏生所傳，晁錯
所記之二十八篇《今文尚書》，後又有河內〈泰誓〉一篇。

> 伏生作尚書傳四十一篇，以授同郡張生，張生授千乘歐陽生，歐陽
> 生授同郡兒寬，寬授歐陽生之子，世世傳之，至曾孫歐陽高，謂之
> 尚書歐陽之學。又有夏侯都尉，受業於張生，以授族子始昌，始昌
> 傳族子勝，為大夏侯之學。

以上所記，為大夏侯《尚書》一系之《尚書》學。

> 勝傳從子建，別為小夏侯之學。故有歐陽，大、小夏侯，三家並立。
> 訖漢東京，相傳不絕，而歐陽最盛。

由以上可知，歐陽、大、小夏侯所傳之《尚書》中以歐陽一系最為盛行。

> 晉世祕府所存，有古文尚書經文，今無有傳者。及永嘉之亂，歐陽，
> 大、小夏侯尚書並亡。……至東晉，豫章內史梅賾，始得安國之傳，
> 奏之，時又闕〈舜典〉一篇。齊建武中，吳姚方興，於大桁市得其
> 書，奏上，比馬、鄭所注，多二十八字，於是始列國學。〔註36〕

〔註35〕 《世說新語》、《經典釋文》、《隋書・經集志》、孔穎達《尚書・舜典》疏、《初
學記》、宋代《郡 齋讀書志》、《直齋書錄解題》、《太平御覽》、《文獻通考》、
《毛西河集》、《潛研堂文集》、《戴東原集》、《日知錄》、《書經集傳》、《古文
尚書冤詞》，阮元《十三經校勘記序》等重要著作，均稱梅賾。《歐陽文忠集》、
《晦庵集》、《吳文正集》、《經義考》等，賾、頤混用。
　　顧頡剛《尚書隸古定本考辨》引述《釋文・敘錄》文作「枚賾」，自注云：「枚
亦作梅，賾亦作頤。」
　　陳夢家《尚書通論》作「頤」。
　　屈萬里《尚書釋義》作「賾」。
　　蔣善國《尚書綜述》作「賾」。
　　劉起釪《尚書學史》則說：文獻中已習稱梅賾，固不必強改。
　　程元敏《尚書學史》則一律改做「頤」。
　　其他作品眾多，不一一記錄。作「頤」者從文字學上探討，作「賾」者依古
代文獻流傳沿用。然而文獻中已習稱梅賾，故本文皆以「梅賾」稱之。
〔註36〕 魏徵等《隋書》（台北：洪氏出版社，1975 年 9 月），頁 915。

由此敘述，可知《尚書》至永嘉之亂（307～312）三家《書》皆毀於戰火。後豫章內史梅賾得到孔安國之《尚書孔傳》，獻於朝廷，得於施行，然梅賾所獻又缺〈舜典〉一篇，在齊建武中，姚方興再爲增補。

梅賾，字仲眞，汝南西平人，爲豫章內史、豫章太守、領軍司馬。然而現存之二十四史中，並無其人其事之紀錄。

梅賾承傳晚出《古文尚書》，唐代孔穎達在其《尚書正義》卷二中有言：

> 又《晉書·皇甫謐傳》云：「姑子外弟梁柳邊得《古文尚書》，故作《帝王世紀》，往往載孔傳五十八篇之書。」《晉書》又云：「晉太保公鄭沖以古文授扶風蘇愉，愉字休預。預授天水梁柳，字洪季，即謐之外弟也。季授城陽臧曹，字彥始。始授郡守子汝南梅賾，字仲眞，又爲豫章內史，遂於前晉奏上其書而施行焉。」時已亡失《舜典》一篇，晉末范甯爲解時已不得焉。至齊蕭鸞建武四年姚方興於大航頭得而獻之，議者以爲孔安國之所注也。值方興有罪，事亦隨寢。至隋開皇二年購慕遺典，乃得其篇焉。然孔注之後曆及後漢之末，無人傳說。至晉之初猶得存者，雖不列學官，散在民間，事雖久遠，故得猶存。

由上可得晚出《古文尚書》傳授之源流：

> 鄭沖（西晉）→蘇愉（西晉）→梁柳（西晉）→臧曹（西東晉）→
> 梅賾（東晉）。

由上可知其傳授梗概，然具不見今傳之二十四史。

梅賾所獻之《孔傳》分為二十五篇：

書　名	篇　目	篇　名
《虞書》	一篇	〈大禹謨〉。
《夏書》	二篇	〈五子之歌〉、〈胤征〉。
《商書》	十篇	〈仲虺之誥〉、〈湯誥〉、〈伊訓〉、〈太甲上〉、〈太甲中〉、〈太甲下〉、〈咸有一德〉、〈說命上〉、〈說命中〉、〈說命下〉。
《周書》	十二篇	〈泰誓上〉、〈泰誓中〉、〈泰誓下〉、〈武成〉、〈旅獒〉、〈微子之命〉、〈蔡仲之命〉、〈周官〉、〈君陳〉、〈畢命〉、〈君牙〉、〈冏命〉。

共計十九題，分爲二十五篇。此本晚出《古文尚書》自唐代孔穎達《尚書正義》列爲官方定本後，深深的影響了中國數百年之久。

梅賾所獻《孔傳》在宋代出現了懷疑的聲音，如：吳棫、蔡沈（1167 年

～1230 年）、鄭樵,（1104 年～1162 年）、朱熹（1130 年～1200 年）等人。然而此時仍處在懷疑的階段,不敢直斥《孔傳》為偽,也提不出強而有力的文獻證據證明,只是從文字的好讀與否,懷疑晚出《尚書》。後有元代諸家如：趙孟頫（1254 年～1322 年）、吳澄（1249 年～1333 年）、王充耘。明代諸家如：王禕（1322～1374）、鄭瑗、梅鷟、鄭曉、歸有光（1506 年～1571 年）、焦竑（1540 年～1620 年）、郝敬,（1558 年～1639 年）、羅敦仁、等人。這其中影響最大的當推梅鷟,其作《尚書譜》五卷、《尚書考異》六卷、在明代梅鷟以前,諸儒考辨《尚書》多是據理推論、依文觀察,並未提出科學的證據,因此未真正的揭露晚出《古文尚書》之偽,直到梅氏《尚書考異》、《尚書譜》,從文獻上展開科學的論證,由此途徑,展開清代對於晚出《古文尚書》之考辨大道。後接清代諸家如：黃宗羲（1610 年～1695 年）顧炎武（1613 年～1682 年）、馬驌（1621 年～1673 年）、朱彝尊（1629 年～1709 年）、胡渭（1633 年～1714 年）、閻若璩（1636 年～1704 年）、姚際恆（約 1647 年～1715 年）、馮景（1652 年～1715 年）、惠棟（1697 年～1758 年）。

這其中將晚出《古文尚書》定讞為偽作者,當推閻若璩。閻若璩,字百詩,號潛丘。明末清初山西太原人。著有《尚書古文疏證》。此書共分一二八條,今存九十九條,與辨偽有關者共八十六條〔註37〕。而後惠棟《古文尚書考》更加落實了這些考辨。

其後有護衛晚出《古文尚書》者,如：毛奇齡《古文尚書冤詞》、方苞〈讀古文尚書〉、陸隴其《古文尚書考》、顧昺《書經箚記》、郭兆奎《心園書經知新》、徐世沐《尚書惜陰錄》、江昱《尚書私學》、茹敦和《尚書未定稿》、王劼《尚書後案駁正》、張崇蘭《古文尚書私議》、林春溥《開卷偶得》、邵懿辰《尚書通義》、洪良品《古文尚書辨惑》、吳光耀《古文尚書正辭》等人。其中以毛奇齡所得到的關注最為重大,因為這個考辨和擁護晚出《古文尚書》的論戰,便是由毛奇齡開始,後來擁護晚出《古文尚書》的學者等人,也是在毛氏的基礎上,再去論辨晚出《古文尚書》非偽書。

四、小結

晚出《古文尚書》的考辨,由《尚書》學的傳授、晚出《古文尚書》抄

〔註37〕林慶彰《清初的群經辨偽學》（台北：文津出版社,1990 年 3 月）,頁 147。

襲其他古文、晚出《古文尚書》的文章內容及體裁這三點切入，探究以及考辨晚出《古文尚書》的眞僞問題，至清代中葉已成爲大致的辨僞模式。此模式由明代梅鷟；清代閻若璩、姚際恒至惠棟已趨成熟，也取得了很好的成果。考辨晚出《古文尚書》時代比上述諸家晚者，如王鳴盛《尚書後案》、程廷祚《晚書訂疑》、崔述《古文尚書辨僞》〔註38〕、丁晏《尚書餘論》、王先謙《尚書孔傳參正》、魏源《書古微》等書，其他和梅鷟、閻若璩、惠棟等持相同意見的尙有莊存與《讀書既見》、李紱《書古文尚書冤詞後》、姚鼐《書說》、黃晃《尚書記疑》、孫喬年《古文尚書證疑》、宋翔鳳《尚書譜》等書。晚出《古文尚書》梅鷟、閻若璩、惠棟等對全書之眞僞進行考辨，晚出《古文尚書》是僞書已爲大部分人所接受，後接者如丁晏等便開始蒐集證據，考證作僞者爲誰，當然前述諸家如梅鷟、閻若璩、惠棟、王鳴盛既然對全書進行考辨，也包含作僞者的考辨，然而他們都無法明確的表達出作僞者是誰，如梅鷟認爲可能是皇甫謐；閻若璩只提到梅賾獻書，未明確指出何人作僞；惠棟認爲可能是梅賾或王肅等等，不一而足。然而他們的證據多是從史傳所記錄的流傳過程去推想的，而且說法甚爲武斷，並沒有舉出什麼證據來證明。而丁晏的《尚書餘論》全書幾乎就一個主題進行考辨，也就是晚出《古文尚書》的作僞者是誰，丁氏運用了《孔子家語》、《尚書正義》、《經典釋文》《尚書孔傳》等等，指出王肅所注他書和孔傳多同，最後認爲晚出《古文尚書》作僞者就是王肅。雖然晚出《古文尚書》丁晏指證歷歷是王肅所僞作，然而迄今尚未有可以讓多數人確信的結論，其他作僞者還有梅賾、皇甫謐，還有南朝宋元嘉以後。

　　經過閻若璩、惠棟的考辨以後，晚出《古文尚書》已爲人所不信，所以注解《尚書》多分爲今、古文兩個部分。如江聲《尚書集注音疏》，此書分爲十二卷，並附卷末、外篇各一其中前十卷是集注音疏《今文尚書》。再有王鳴盛《尚書後案》、段玉裁《古文尚書撰異》、孫星衍《尚書今古文注疏》、魏源《書古微》、陳喬樅《今文尚書經說考》、皮錫瑞《今文尚書考證》、簡朝亮《尚書集注述疏》、王先謙《尚書孔傳參正》，此外尚有劉逢祿《尚書今古文集解》、

〔註38〕崔述所作《古文尚書辨僞》兩卷。崔氏於書中說到未曾見過梅鷟之書，陳履和的跋文稱崔氏未見閻、惠二氏之書，此外在第二卷中將宋代以後諸家辨僞晚出《古文尚書》之語匯爲一篇，其中也未見梅、閻、惠之書。雖然崔氏未見上述三家之研究，然而書中六證六駁所使用的方法，其實和梅、閻、惠並無多大的不同。

朱駿聲《尚書古注便讀》等書。由考據晚出《古文尚書》可以看出，清代已由宋學變爲漢學，好古文轉變爲喜今文了。然而也因爲今、古文學的分流，晚出《古文尚書》被多數人認爲是僞造的，導致晚出《古文尚書》被丟棄在一邊而沒有人去注意他。誠如張舜徽先生所說的降低時代去讀，那麼晚出《古文尚書》也可以是一部很好的書，以下章節就是將晚出《古文尚書》降低到魏晉時代時代去讀，討論晚出《古文尚書》在南北朝時期的散文中被引用的情形，以顯其被過度貶抑之價值。

第三章 南朝散文引用《古文尚書》、《虞書》、《夏書》、《商書》之研究

　　現今受到西方文學理論的影響，將文學作品分爲詩歌、小說、戲劇以及散文四大類別。此處所指的散文，有別於詩歌、小說與戲劇，指的是在篇章體裁中上沒有押韻，內容爲敘事以及抒情之文學篇章。

　　現在見到最古老的散文，可以上溯到甲骨卜辭與銅器銘文。甲骨卜詞其內容不用韻，篇幅結構簡短，只有簡單的敘事，利用於史料則價值極大，然而和文學散文則仍有距離。銅器銘文篇幅增長，如毛公鼎有五百字左右，然而其多是一個銅器一篇文章，並未集結成冊，因此《尚書》可視之爲最早的散文總集。《尚書》文章之內容，典、謨、誓、訓等等歷代分合不一，總體而言，其內容多爲誓詞、政府文告以及訓誡之辭。《尚書》也可說是後代散文體裁之濫觴。且《尚書》之中多有長篇大論，如〈堯典〉、〈盤庚〉等，〈禹貢〉更多達千字以上，因此《尚書》可視爲百代散文之組。

　　晚出《古文尚書》在明、清二朝一系列的辨僞之中，失去了原本神聖的地位，後人分開今、古文，並且有些只註解今文。依據張舜徽先生的觀點：「學者如遇僞書而能降低其時代，平心靜氣以察其得失利弊，雖晚出贋品猶有可觀，又不容一概鄙棄。」〔註1〕其他古代學者如朱熹，雖對梅氏《尚書》存有疑慮，但他也指出：「《書》中可疑諸篇，若一齊不信，恐倒了六經。」朱彝尊說：「是書久頒於學官，其言多綴輯逸《書》成文，無大悖理。譬諸汾陰漢

〔註1〕張舜徽《中國古代史籍校讀法》，（雲南：雲南人民社 2004 年 11 月第一版），頁 257。

鼎，雖非黃帝所鑄，或指以爲九牧之金，則亦聽之。」「其時未經永嘉之亂，古書多在，采摭綴輯，無一字無所本。特其文氣緩弱，又辭意不相連屬，時事不相對值，有以識其非眞。而古聖賢之格言大訓，往往在焉，有斷斷不可以廢者。」紀曉嵐說：「梅賾之書，行世已久，其文本采綴逸經，排比聯貫，故其旨不悖于聖人，斷無可廢之理。」他們都在力爭梅氏《尚書》作爲一部經典的不可廢棄。也就是說，按照張舜徽先生的觀點，如果將僞書降低到它原本的寫作時代去讀，看做後人抒發己見，解釋經典的文字，那麼僞書就不必被棄之角落而不屑一顧了。以下將晚出《古文尚書》在南北朝散文中的引情形，分章節一一介紹。

第一節　引用《虞書》之研究

所謂《虞夏書》，虞是指虞舜，夏是指夏禹，馬融、鄭玄、王肅皆題爲《虞夏書》，今傳五十八篇《古文尚書》《虞書》有〈堯典〉、〈舜典〉、〈大禹謨〉、〈皋陶謨〉、〈益稷〉等篇。其中被。認爲是僞作的有〈舜典〉、〈大禹謨〉、〈益稷〉。但是晚出《古文尚書》的〈舜典〉是從《今文尚書》〈堯典〉中割裂而來，在「愼徽五典」以下謂之〈舜典〉，因「愼徽五典」一語，不類發端之詞，乃僞造「曰若稽古帝舜，曰重華，協于帝，濬哲文明，溫恭允色；旋德升聞，乃命以位。」等二十八字，冠於「愼徽五典」之上。現在常見之《十三經注疏》本及蔡沈《書集傳》等，皆是如此。由於〈舜典〉乃是從〈堯典〉中分析而出，除了開頭二十八字以外，其他皆不可認爲是僞作。南北朝散文引舜典甚多，除非是引開頭二十八字，不然皆不列入討論。〈益稷〉篇乃從〈皋陶謨〉篇分析而出，其內容也非僞作，不能當作僞書來處理。北朝散文中引用〈益稷〉之字句者也很多，但因他不是僞作，所以也不列入討論。

今傳夏書有〈禹貢〉、〈甘誓〉、〈五子之歌〉、〈胤征〉等四篇，〈禹貢〉和〈甘誓〉屬於《今文尚書》，沒有眞僞問題。〈五子之歌〉、〈胤征〉是屬於晚出《古文尚書》。

一、〈舜典〉

晚出《古文尚書》中的〈舜典〉雖是割裂〈堯典〉而成，不視爲後出之篇，然而姚方興所上二十八字，卻可視之爲後出之〈舜典〉。

王韶之〔註2〕〈禪策〉〔註3〕

咨爾宋王，夫玄古權輿，悠哉邈矣，其詳靡得而聞。爰自書契，降
逮三五，莫不以上聖君四海，止戈定大業，然則帝王者，宰物之通
器，君道者，天下之至公也。昔在上葉，深鑒茲道，是以天祿既終，
唐虞弗得傳其嗣，符命來格，舜禹不獲全其謙。所以經緯三才，澄
序彝化，作范振古，垂風萬葉，莫尚於茲。自是厥後，歷代彌劭，
漢既嗣德於放勳，魏亦方軌於**重華**。諒以協謀乎人鬼，而以百姓為
心者也。

陳武帝〔註4〕〈即位告天文〉〔註5〕

皇帝臣霸先，敢用玄牡昭告於皇皇後帝，梁氏以圮剝薦臻，曆運有
極，欽若天應，以命於霸先。夫肇有民，乃樹司牧，選賢與能，未
常厥姓，**放勳重華之世**，咸無意於受終，當塗典午之君，雖有心於
揖讓，皆以英才處萬乘，高勳禦四海，故能大庇黔首，光宅區縣。
有梁末運，仍葉遘屯，獷醜憑陵，久移神器，承聖在外，非能祀夏，
天未悔禍，複罹寇逆，嫡嗣廢黜，宗枝僭詐，天地蕩覆，紀綱泯絕。
霸先爰初投袂，大拯橫流，重舉義兵，實戡多難，廢王立帝，實有
厥功，安國定社，用盡其力，是謂小康，方期大道，既而煙雲表色，
日月呈瑞，緯聚東井，龍見譙邦，除舊佈新，既彰玄象，遷虞事夏，
且協謳訟，九域八荒，同布衷款，百神群祀，皆有誠願。梁帝高謝
萬邦，授以大寶。霸先自惟匪薄，讓德不嗣，至於再三，辭弗獲許，
僉以百姓須主，萬機難曠，皇靈眷命，非可謙拒，畏天之威，用膺
嘉祚，永言夙志，能無慚德，敬簡元辰，升壇受禪，告類上帝，用
答民心，永保于我有陳，惟明靈是饗。

此篇引用〈舜典〉：「曰若稽古帝舜，曰重華協於帝。浚咨文明，溫恭允塞，
玄德升聞，乃命以位。」在此是典故的引用。陳朝之時，晚出《古文尚書》

〔註2〕 王韶之（380～435），字休泰。琅邪臨沂人，後移居烏程。
〔註3〕 嚴可均校輯《全上古三代秦漢三國六朝文》（北京市：中華書局，1958），頁
　　　2534。
〔註4〕 陳武帝陳霸先（503年～559年），字興國，小字法生，吳興郡長城縣人，557
　　　年～559年在位。
〔註5〕 嚴可均校輯《全上古三代秦漢三國六朝文》（北京市：中華書局，1958），頁
　　　3406。

已相當流行，而其中割裂〈堯典〉而得來的〈舜典〉，其中原本是堯的功績，被歸類爲舜的功績，因此這裡是典故的引用。

二、〈大禹謨〉

〈書序〉：「皋陶矢厥謨，禹成厥功，帝舜申之。作〈大禹謨〉、〈皋陶謨〉、〈益稷〉。」由此可知〈大禹謨〉是描述大禹的功績以及大舜告誡大禹的言論。全文開始是由大舜和大禹對談開始，中段是大舜禪位給大禹，後段是大禹領命出征苗民，開始時戰事不順，之後大禹偃武修文，苗民們終於投降。

南朝散文對於〈大禹謨〉文章內容的引用，和北朝散文所側重之處相似，引用最多之處是其中對於刑罰執行的觀念，也就是「罪疑惟輕，功疑惟重；與其殺不辜，寧失不經。」獎賞要重而刑罰要輕。其次是大禹的事蹟和十六字心傳。

文句的引用：

劉休範〔註6〕〈與袁粲褚淵劉秉書〉〔註7〕

>……諸賢冑籍冠冕，世曆忠貞，位非恩樹，勳豈寵結，憂國勤王，社稷之鎮，豈可含縱讒凶，坐觀傾覆。自惟宋室未殞，得以推移者，正內賴諸賢，防勒奸軌，外有孤子，跨據中流。而人非金石，何能支久，使一虧落，則本根莫庇。當今主上沖幼，宜明典章，征虜之鎮，不見慰省，逆旅往來，尚有顧眄，骨肉何讎，逼使離隔。禽獸之心，橫生疑貳，經由此者，每加約截，同惡相求，有若市賈。以孤子知其情狀，恒恐以此乘之，鉗勒州郡，過見防禦。近遣西南二使，統內宣傳，不容恐懼，即遣啓並有別書。若以孤子有過，便應鳴鼓見伐；如其不爾，宜令各有所歸。**與殺不辜，**憲有常辟，三公之使，無罪而斬、鄙雖不肖，天子之季父，卑小主者，敢不如是乎……

謝莊〔註8〕〈奏改定刑獄〉〔註9〕

〔註6〕劉休範（？～474），文帝第十八子。孝建三年封順陽王，大明元年改封桂陽王，元徽元年進太尉。明年，舉兵內逼，爲黃回所斬。

〔註7〕嚴可均校輯《全上古三代秦漢三國六朝文》（北京市：中華書局，1958），頁2510～2511。

〔註8〕謝莊（421～466），字希逸，南朝宋文學家。陳郡陽夏人。

臣聞明慎用刑，厥存姬典，哀矜折獄，實暉呂命。**罪疑從輕**，既前王之格范，寧失弗經，亦列聖之恒訓。用能化致升平，道臻恭己。逮漢文傷**不辜之罰**，除相坐之令，孝宣倍深文之吏，立鞫訊之法，當是時也，號稱刑清。陛下踐位，親臨聽訟，億兆相賀，以爲無冤民矣。而比囹圄未虛，頌聲尚缺。臣竊謂五聽之慈，弗宣於宰物，三宥之澤，未洽於民謠。頃年軍旅餘弊，劫掠猶繁，監司討獲，多非其實，或規免身咎，不慮國患，楚對之下，鮮不誣濫。身遭之誅，家嬰孥戮之痛，比伍同閈，莫不及罪，是則一人罰謬，坐者數十。齊女告天，臨淄台殞，孝婦冤戮，東海愆陽，此皆符變靈祇，初感景緯。臣近兼訊，見重囚八人，旋觀其初，死有餘罪，詳察其理，實並無辜。恐此等不少，誠可怵惕也。

孔稚圭〔註10〕〈上新定律注表〉〔註11〕

臣又聞老子、仲尼曰：「古之聽獄者，求所以生之；今之聽獄者，求所以殺之。」「**與其殺不辜，寧失有罪。**」是則斷獄之職，自古所難矣。今律文雖定，必須用之；用失其平，不異無律。

崔祖思〔註12〕〈陳政事啓〉〔註13〕

憲律之重，由來尚矣。故曹參去齊，唯以獄市爲寄，餘無所言。路溫舒言「秦有十失，其一尚在，治獄之吏是也。」實宜清置廷尉，茂簡三官，寺丞獄主，彌重其選，研習律令，刪除繁苛。詔獄及兩縣，一月三訊，觀貌察情，欺枉必達。使明慎用刑，無忝大《易》；**寧失不經，靡愧《周書》**。漢來治律有家，子孫並世其業，聚徒講授，至數百人。故張、於二氏，潔譽文宣之世，陳、郭兩族，流稱武、明之朝。決獄無冤，慶昌枝裔，槐袞相襲，蟬紫傳輝。今廷尉律生，乃令史門戶，族非咸、弘，庭缺於訓。刑之不措，抑此之由。如詳擇篤厚之士，使習律令，試簡有征，擢爲廷尉僚屬。苟官世其家而

〔註 9〕 嚴可均校輯《全上古三代秦漢三國六朝文》（北京市：中華書局，1958），頁2629。

〔註10〕 孔稚珪（447 年～501 年），一作孔珪，字德璋，會稽山陰人。永元三年卒。贈金紫光祿大夫。

〔註11〕 嚴可均校輯《全上古三代秦漢三國六朝文》（北京市：中華書局，1958），頁2897～2898。

〔註12〕 崔祖思，字敬元，清河東武城人，崔琰七世孫也。

〔註13〕 可均校輯《全上古三代秦漢三國六朝文》（北京市：中華書局，1958），頁2912。

不美其績，鮮矣；廢其職而欲善其事，未之有也。若劉累傳守其業，
庖人不乏龍肝之饌，斷可知矣。

梁武帝〔註14〕〈幸阿育王寺赦詔〉〔註15〕

天地盈虛，與時消息，萬物不得齊其蠢生，二儀不得恒其覆載，故
勞逸異年，歡慘殊日，去歲失稔，鬥粟貴騰，民有困窮，遂臻斯濫，
原情察咎，或有可矜，下車問罪，聞諸前詁，責歸元首，窮在朕躬，
若皆以法繩，則自新無路。**書不云乎，與殺不辜，寧失不經？**易曰，
隨時之義大矣哉！今真形舍利，複見於世，逢稀有之事，起難遭之
想，今出阿育王寺，設無礙會，耆年童齒，莫不欣悅，如積饑得食，
如久別見親，幽顯歸心，遠近馳仰，士女霞布，冠蓋雲集，因時布
德，允葉人靈。凡天下罪無輕重，皆赦除之。

王偉〔註16〕〈爲侯景報齊文襄書〉〔註17〕

蓋聞立身揚名者義也，在躬所寶者生也。苟事當其義，則節士不愛
其軀；刑罰斯舛，則君子實重其命。昔微子發狂而去殷，陳平懷智
而背楚者，良有以也。僕鄉曲布衣，本乖藝用。初逢天柱，賜忝帷
幄之謀，晚遇永熙，委以干戈之任。出身爲國，綿曆二紀，犯危履
難，豈避風霜。遂得躬被袞衣，口餐玉食，富貴當年，光榮身世。
何爲一旦舉旌旆，援桴鼓，而北面相抗者，何哉？實以畏懼危亡，
恐招禍害，捐軀非義，名身兩滅故耳。何者？往年之暮，尊王遘疾，
神不善，祈禱莫瘳。遂使嬖幸擅威權，閹寺肆詭惑，上下相猜，心
腹離貳。僕妻子在宅，無事見圍，段康之謀，莫知所以，盧潛入軍，
未審何故。翼翼小心，常懷戰慄，有靦面目，寧不自疑。及回師長
社，希自陳狀，簡書未達，斧鉞已臨。既旌旗相對，咫尺不遠，飛
書每奏，兼申鄙情；而群卒恃雄，眇然不顧，運戟推鋒，專欲屠滅。
築圍堰水，三板僅存，舉目相看，命懸晷刻，不忍死亡，出戰城下。

〔註14〕梁武帝蕭衍（464年～549年），字叔達，小字練兒。南蘭陵中都里人，廟號
高祖。蕭衍在位時間達四十八年，在南朝的皇帝中名列第一。

〔註15〕嚴可均校輯《全上古三代秦漢三國六朝文》（北京市：中華書局，1958），頁
2966。

〔註16〕王偉，陳留人，一云其先略陽人。徙居潁川，爲侯景行台郎，進左丞儀同三
司、中書監、尚書左僕射，及景敗，囚送江陵，烹於市。

〔註17〕嚴可均校輯《全上古三代秦漢三國六朝文》（北京市：中華書局，1958），頁
3368。

禽獸惡死，人倫好生，送地拘秦，非樂為也。**僕實不辜，桓莊何罪？**

陸倕〔註18〕〈豫章王拜後赦教〉〔註19〕

夫議獄緩死，著在令圖，**疑罪惟輕**，聞諸雅誥。是以虞經惻隱，流涕冬決，鍾意垂仁，哀矜寒送。吾以虛薄，夙頒寵章，光宅襟險，奄有全粵，非有沛獻矜嚴，空紆青組，東平智思，徒舉赤帷，思所以仰述皇猷，導揚弘澤，遵彼下車，譬茲解網。(《藝文類聚》五十二。)

以上是引用：「皋陶曰：帝德罔愆，臨下以簡，御眾以寬；罰弗及嗣，賞延於世。宥過無大，刑故無小；**罪疑惟輕，功疑惟重；與其殺不辜，寧失不經；**好生之德，洽於民心，茲用不犯於有司。」

陳武帝〈刪改科令詔〉〔註20〕

朕聞唐虞道盛，**設畫象而不犯**，夏商德衰，雖拏戮其未備，洎乎末代，綱目滋繁，剟屬亂離，憲章遺紊。朕始膺寶曆，思廣政樞，外可搜舉良才，刪改科令，群僚博議，務存平簡。

這是引用：「好生之德，洽於民心，茲用**不犯**於有司。」

陳武帝〈原沈泰部曲妻兒詔〉〔註21〕

罰不及嗣，自古通典，罪疑惟輕，布在方策。沈泰反覆無行，遐邇所知，昔有微功，仍荷朝寄，剖符名郡，推轂累藩，漢口班師，還居方岳，良田有逾於四百，食客不止于三千，富貴顯榮，政當如此；鬼害其盈，天奪之魄，無故倡狂，自投獯醜；雖複知人則哲，惟帝其難，光武有蔽于龐萌，魏武不知于於禁，但令朝廷無我負人，其部曲妻兒，各令複業，所在及軍人，若有恐脅侵掠者，皆以劫論，若有男女口為人所藏，並許詣台申訴，若樂隨臨川王及節將立效者，悉皆聽許。

這是引用：「臨下以簡，禦眾以寬，**罰弗及嗣**，賞廷於世。」

以及引用：「皋陶曰：帝德罔愆，臨下以簡，御眾以寬；罰弗及嗣，賞延

〔註18〕 陸倕（？～526）字佐公，吳郡吳人，晉太尉陸玩六世孫。為竟陵八友之一。
〔註19〕 嚴可均校輯《全上古三代秦漢三國六朝文》（北京市：中華書局，1958），頁3256。
〔註20〕 嚴可均校輯《全上古三代秦漢三國六朝文》（北京市：中華書局，1958），頁3404。
〔註21〕 同上，頁3405。

於世。宥過無大，刑故無小；**罪疑惟輕，功疑惟重；與其殺不辜，寧失不經；**好生之德，洽於民心，茲用不犯於有司。」

陳武帝〈下璽書赦州郡〉〔註22〕

> 夫四正革代，商周所以應天，五勝相推，軒義所以當運。梁德不造，喪亂積年，東夏崩騰，西都蕩覆，蕭勃幹紀，非唯趙倫，侯景滔天，逾于劉載，貞陽反篡，賊約連兵，江左累屬於鮮卑，金陵久非于梁國，有自氤氳混沌之世，龍圖鳳紀之前，東漢興平之初，西朝永嘉之亂，天下分崩，未有若于梁朝者也。朕以虛薄，屬當興運，自昔登庸，首清諸越，徐門浪泊，靡不征行，浮海乘山，所在戡定，冒朔風塵，驅馳師旅，六延梁祀，十翦疆寇，豈曰人謀，皆由天啟。**梁氏以天祿斯改，期運永終**，欽若唐虞，推其鼎玉。

這是引用：「欽哉！慎乃有位，敬修其可願，**四海困窮，天祿永終**。」

陳文帝〔註23〕〈以侯瑱等配食高祖廟庭詔〉〔註24〕

> 姬業方闡，望載渭濱，漢曆既融，道通圯上。若乃儲精辰宿，降靈惟岳，風雲有感，夢寐是求，斯固舟楫鹽梅，遞相表裏，長世建國，固或不然。至於銘德太常，從祀清廟，以貽厥後來，垂諸不朽者也。前皇經濟區宇，裁成品物，靈祇式甄，光膺寶命，雖謨明睿發，**幽顯協從**，亦文武賢能，翼宣王業。故大司馬、驃騎大將軍 ，故司空文育，故平北將軍、開府儀同三司僧明，故中護軍穎，故領軍將軍擬，或締構艱難，經綸夷險；或摧鋒冒刃，殉義遺生；或宣哲協規，綢繆帷幄；或披荊汗馬，終始勤劬；莫不罄誠翊力，屯泰以之。朕以寡昧，嗣膺丕緒，永言勳烈，思弘典訓，便可式遵故實，載揚盛軌，可並配食高祖廟庭，俾茲大猷，永傳宗」。（《陳書·文帝紀》）

這是引用：「帝曰："禹！官占惟先蔽志，昆命於元龜。朕志先定，詢謀僉同，鬼神其依，**龜筮協從**，卜不習吉。」

陳文帝〈改元大赦詔〉〔註25〕

> 朕以寡德，纂承洪緒，日昊劬勞，思弘景業，而政道多昧，黎庶未

〔註22〕同上，頁3406。

〔註23〕陳文帝陳蒨（522年～566年），一作茜，又名荃菁，字子華。560年～566年在位，年號天嘉。

〔註24〕同注2，頁3409。

〔註25〕同注2，頁3411。

康，兼疹患淹時，亢陽累月，百姓何咎，實由朕躬：**念茲在茲**，痛如疾首，可大赦天下，改天嘉七年爲天康元年。

陳宣帝〔註26〕〈停減供禦詔〉〔註27〕

惟堯葛衣鹿裘，則天爲大，伯禹弊衣菲食，夫子曰「無間然」。故儉德之恭，約失者鮮。朕君臨宇宙，十變年籥，盰日勿休，乙夜忘寢，跂予思治，若濟巨川，**念茲在茲**，懷同馭朽，非貪四海之富，非念黃屋之尊，導仁壽以置群生，寧勞役以奉諸己；但承梁季，亂離斯瘼，宮室禾黍，有名亡處，雖輪奐未睹，頗事經營，去泰去甚，猶爲勞費；加以戎車屢出，千金日損，府帑未充，民疲征賦，百姓不足，君孰與足，興言靜念，夕惕懷抱，垂訓立法，良所多慚，斫雕爲樸，庶幾可慕，雉頭之服既焚，弋綈之衣方襲，損撤之制，前自朕躬，草偃風行，冀以變俗，應禦府堂署所營造禮樂儀服軍器之外，其餘悉皆停息，掖庭常供，王侯妃主，諸有俸恤，並各量減。

這是引用：「禹曰：朕德罔克，民不依。皋陶邁種德，德乃降，黎民懷之。帝念哉！**念茲在茲**，釋茲在茲，名言茲在茲，允出茲在茲，惟帝念功。」

陸倕〈新刻漏銘〉〔註28〕（並序）

一暑一寒，有明有晦。神道無跡，天工罕代。乃置挈壺，是惟熙載。氣均衡石，晷正權概。世道交喪，禮術銷亡，遽遷水火，爭倒衣裳。擊刁舛次，聚木乖方。爰究爰度，時惟我皇。方壺外次，圓流內襲。洪殺殊等，高卑異級。靈虯承注，陰蟲吐□翕。倏往忽來，鬼出神入。微若抽蘭，逝如激電。耳不輟音，眼無留盼。銅史司刻，金徒抱箭。履薄非兢，臨深固戰。授受靡愆，登降弗爽。**惟精惟一**，可法可象。月不遁來，日無藏往。分以符契，至猶影響。合昏暮卷，莫莢晨生。尚辨天意，猶測地情，況我神造，通幽洞靈。配皇等極，爲世作程。

此是引用：予懋乃德，嘉乃丕績，天之歷數在汝躬，汝終陟元後。人心惟危，

〔註26〕陳宣帝陳頊（530 年～582 年），字紹世，小字師利，南北朝時期陳朝第四位皇帝（569 年～582 年在位），在位 14 年，年號太建。

〔註27〕嚴可均校輯《全上古三代秦漢三國六朝文》（北京市：中華書局，1958），頁 3417。

〔註28〕嚴可均校輯《全上古三代秦漢三國六朝文》（北京市：中華書局，1958），頁 3258。

道心惟微，惟精惟一，允執厥中。

典故的引用：

盛權〔註29〕〈測獄刻數議〉〔註30〕

> 比部範泉新制，尚書周弘正明議，**咸允虞書惟輕之旨**，殷頌數正之
> 言。竊尋廷尉監沈仲由等列新制以後，凡有獄十一人，其所測者十
> 人，款者唯一。愚謂染罪之囚，獄官宜明加辯析，窮考事理。若罪
> 有可疑，自宜啟審分判，幸無濫測。若罪有實驗，乃可啟審測立。
> 此則枉直有分，刑宥斯理。範泉今牒述漢律云，死罪及除名，罪證
> 明白，考掠已至，而抵隱不服者，處當列上，杜預注云，證驗明白
> 之狀，列其抵隱之意。竊尋舊制深峻，百中不款者一，新制寬優，
> 十中不款者九，參會兩文，寬猛實異，處當列上，未見厘革。愚謂
> 宜付典法，更詳處當列上之文。

這是引用：「皋陶曰：帝德罔愆，臨下以簡，御眾以寬；罰弗及嗣，賞延於世。
宥過無大，刑故無小，**罪疑惟輕，功疑惟重；與其殺不辜，寧失不經**；好生
之德，洽於民心，茲用不犯於有司。」

闕名〈移虜淮陽太守文〉〔註31〕

> 「**昔虞帝欽明，苗山記倒戈之陣；夏君踵武，鈞台載不戰之兵。**」
> 今鋒鏑陵邊，彤雲入候，加討而後擒，待征而知服，此乃朕之涼德。
> 彼將何德，徒哀其積習為性，因染遂變，不識天時，用幹人事。雖
> 同濱率境，自隔王臣，直曰斯民，獨為系虜，父母生乖，妻兒則桑
> 梓悠悠，墳塋萬里。情甚悲之。可解網改祝，聽歸巢穴。豈直鄰好
> 足鄙，特以哀矜自中。以時資遣，稱朕意焉。」已遵明詔，部送所
> 虜若干人，即日在界，宜速近護，時施故堡，使幽荒之外，知皇王
> 之德音。

此篇是引用：「禹拜昌言曰：俞！"班師振旅。帝乃誕敷文德，舞干羽於兩階，
七旬有苗格。」的典故。以德服人，不以力逼人。

〔註29〕盛權，光大中為通事舍人。
〔註30〕嚴可均校輯《全上古三代秦漢三國六朝文》（北京市：中華書局，1958），頁
　　　　3497。
〔註31〕嚴可均校輯《全上古三代秦漢三國六朝文》（北京市：中華書局，1958），頁
　　　　2934。

第二節　引用《夏書》之研究

一、〈五子之歌〉

陳宣帝〈行新政詔〉〔註32〕

> **民惟邦本**，著在典謨，治國愛民，抑又通訓。朕聽朝晏罷，日仄劬
> 勞，方流惠澤，覃被億兆。有梁之季，政刑廢缺，條綱馳紊，僭盜
> 薦興，役賦征徭，尤為煩刻。大陳禦寓，拯茲餘弊，滅扈戡黎，弗
> 遑創改，年代彌流，將及成俗，如弗解張，物無與厝，夕惕疚懷，
> 有同首疾，思從卑菲，約己濟民，雖俯帑未充，君孰與足，便可刪
> 革，去其泰甚，冀永為定準，令簡而易從。自今維作田，值水旱未
> 收，即列在所。言上折除，軍士年登六十，悉許放還，巧手於役死
> 亡，及與老疾，不勞訂補，其籍有巧隱，並王公百司，輒受民為程
> 蔭，解還本屬，開恩聽首，在職治事之身，須通相檢示，有失不推，
> 當局任罪，令長代換，具條解舍石數，付度後人，戶有增進，即加
> 擢賞，若致減散，依事准給，有能墾起荒田，不問頃畝少多，依舊
> 蠲稅。

本篇引用：皇祖有訓，民可近，不可下，**民惟邦本，本固邦寧**

二、〈胤征〉

文句的引用：

王義慶〔註33〕〈黃初妻趙罪議〉〔註34〕

> 案《周禮》，父母之仇，避之海外，雖遇市朝，鬥不反兵。蓋以莫大
> 之冤，理不可奪，含戚枕戈，義許必報。至於親戚為戮，骨肉相殘，
> **故道乖常憲**，記無定準，求之法外，裁以人情。且禮有過失之宥，
> 律無雠祖之文，況趙之縱暴，本由於酒，論心即實，事盡荒耄。豈
> 得以荒耄之王母，等行路之深讎。臣謂此孫忍愧銜悲，不遑子義，

〔註32〕嚴可均校輯《全上古三代秦漢三國六朝文》（北京市：中華書局，1958），頁
　　　　3415。
〔註33〕劉義慶（403～444），南朝宋彭城人。編有《世說新語》。
〔註34〕嚴可均校輯《全上古三代秦漢三國六朝文》（北京市：中華書局，1958），頁
　　　　2497。

共天同域，無虧孝道。

陸澄〔註35〕〈上表自理〉〔註36〕

案退啓彈新除諮議參驃騎大將軍軍事沈憲、太子庶子沈曠、並弟息，
敕付建康，而憲被使，曠受假，俱無歸罪事狀。臣以不糾憲等為失。
伏尋晉宋左丞案奏，不乏於時，其及中丞者，從來殆無。王獻之習
達朝章，近代之宗，其為左丞，彈司徒屬王濛憚罰自解，屬疾遊行，
初不及中丞。桓秘不奔山陵，左丞鄭襲不彈秘，直彈中丞孔欣時，
又云別攝蘭台檢校，此徑彈中丞之謂。唯左丞庾登之奏鎮北檀道濟
北伐不進，致虎牢陷沒，蕃嶽宰臣，引咎謝愆，而責帥之劾，曾莫
奏聞，請收治道濟，免中丞何萬歲。夫山陵情敬之極，北伐專征之
大，秘霸季之貴，道濟元勳之盛，所以咎及南司，**事非常憲**，然秘
事猶非及中丞也。今若以此為例，恐人之貴賤，事之輕重，物有其
倫，不可相方。

宋明帝〔註37〕〈與沈文秀詔〉〔註38〕

皇帝前問督青州徐州之東莞東安二郡諸軍事建威將軍青州刺史。朕
去歲撥亂，功振普天，於卿一門，特有殊澤。卿得延命至今，誰之
力邪？何故背國負恩，遠同逆豎。今天下已定，四方寧壹，卿獨守
窮城，何所歸奉？且卿百口在都，兼有墳墓，想情非木石，猶或顧
懷。故指遣文炳，具相宣示。凡諸逆節，親為戎首，一不加罪，文
炳所具，卿獨何人，而能自立。便可速率部曲，同到軍門，別詔有
司，一無所問。如其不爾，**國有常刑**。非惟戮及弟息，亦當夷卿墳
壟。既以謝齊土百姓，亦以勞將士之心，故有今詔。

以上引用：「惟仲康肇位四海，胤侯命掌六師。羲和廢厥職，酒荒於厥邑，胤
後承王命徂征。告於眾曰：『嗟予有眾，聖有謨訓，明徵定保，先王克謹天戒，

〔註35〕陸澄（425～494）字彥淵，吳郡吳人。諡靖子。少好學博覽，無所不知。行
　　　　坐眠食，手不釋卷。王儉自稱博聞多識，然不如澄之博學。澄欲撰宋書，不
　　　　成。王儉稱之為「書廚」。
〔註36〕嚴可均校輯《全上古三代秦漢三國六朝文》（北京市：中華書局，1958），頁
　　　　2876。
〔註37〕宋太宗明皇帝劉彧（439 年～472 年），中國南北朝時期宋朝的第七位皇帝。
　　　　字休炳，小字榮期。465 年即位，年號「泰始」、「泰豫」，終年 34 歲。
〔註38〕嚴可均校輯《全上古三代秦漢三國六朝文》（北京市：中華書局，1958），頁
　　　　2479。

臣人**克有常憲**，百官修輔，厥後惟明明，每歲孟春，遒人以木鐸徇於路，官師相規，工執藝事以諫，其或不恭，**邦有常刑**。』」

王休範〈與袁粲褚淵劉秉書〉〔註39〕

　　先帝寢疾彌年，體疲膳少，雖神照無虧，而慮有失德，補闕拾遺，責在左右。於時出入臥內，唯有運長、道隆，群細無狀，因疾遘禍，見上不和，知無瘳拯，慮晏駕之日，長王作輔，奪其寵柄，不得自專。是以內假帝旨，外托朝議，諛辭詭貌，萬類千端，升進奸回，屠斥賢哲，外矯天則，內誣人鬼。是以星紀違常，羲望失度。昔魏顆擇命，《春秋》美之；秦穆殉良，《詩》有明刺。臣子之節，得失必書，不及匡諫，猶以為罪。交間蒼蠅，驅扇禍戮，爵以貨重，才由貧輕，先帝舊人，無罪黜落，薦致鄉親，徧布朝省。諂諛親狎者，飛榮玉除；靜立貞粹者，柴門生草。事先關已，雖非必行；若不諮詢，雖是必抑。海內遠近，人誰不知。未解執事，不加斧鉞，遂致先帝有殺弟之名，醜聲遺於君父，格以古義，豈得為忠？先帝崩殂，若無天地，理痛常情，便應赴泣。但兄弟枉酷，已陷讒細，孤子已下，複觸奸機。是以望陵墳而摧裂，想鑾斾而抽慟。雖複才違寄寵，而地屬負荷，顧命之辰，曾不見及。分崩之際，詔出兩豎，天誘其衷，得居乎外。若受制群邪，**則玉石同碎矣**。以宇宙之基，一旦受制卑瑣，劉氏家國，使小人處分，終古以來，未有斯酷。昔石顯、曹節，方今為優，而望之、仲舉，由以致弊。至於遭逢醜慝，豈有古今者乎。

王儉〔註40〕〈策齊公九錫文〉〔註41〕

　　公忠誠慷慨，在險彌亮，深識九變，妙察五色，以寡制眾，所向風偃。朝廷無東顧之憂，閩越有來蘇之慶。此又公之功也。匈奴野心，侵掠疆場，前師失律，王旅崩撓，灑血成川，伏屍千里。醜羯彳舟

〔註39〕嚴可均校輯《全上古三代秦漢三國六朝文》（北京市：中華書局，1958），頁2510。

〔註40〕王儉（452～489），字仲寶。祖籍琅邪臨沂。死後諡文憲。東晉名相王導五世孫。王儉在目錄學上很有貢獻，曾校勘古籍，依劉歆《七略》、撰《七志》，突破劉歆收書不收圖的舊例，新增《圖譜志》；又始創「文翰」一目，以詩賦文集屬之，即後世之集部。另有《宋元徽元年四部書目錄》。今皆失傳。

〔註41〕嚴可均校輯《全上古三代秦漢三國六朝文》（北京市：中華書局，1958），頁2840。

張，勢振彭、泗，乘勝長驅，窺覦京甸，冠帶之軌將湮，被發之容行及。公奉辭伐罪，戒旦晨征，兵車始交，氛祲時蕩，弔死撫傷，弘宣皇澤，俾我淮肥，複沾盛化。此又公之功也。自茲厥後，獫狁孔熾，封豕長蛇，重窺上國。而世故相仍，師出日老，戰士無臨陣之心，戎卒有懷歸之思。是以下邳精甲，望風振恐，角城高壘，指日淪陷。公眷言王事，發憤忘食，躬擐甲冑，視險若夷，短兵接，巨猾鳥散，分疆畫界，開創青、兗。此又公之功也。泰始之末，入參禁旅，任兼軍國，事同顧命。桂陽負眾，輕問九鼎，裂冠毀冕，拔本塞源，入兵萬乘之國，頓戟象魏之下，烈火焚於王城，飛矢集乎君屋。機變倏忽，終古莫二，群後憂惶，元戎無主。公按劍凝神，則奇謀貫世，秉旄指麾，則懦夫成勇。曾不崇朝，新亭獻捷，信宿之間，宣陽底定，雲霧廓清，區宇康娭。此又公之功也。皇室多難，卹起戚蕃，邢、晉、應、韓，翻爲讎敵，建平失圖，興兵內侮。公又指授六師，義形乎色，役未逾旬，朱方宵晏。此又公之功也。蒼梧肆虐，諸夏糜沸，淫刑以逞，誰則無罪，**火炎昆岡，玉石俱焚**，黔首相悲，朝不謀夕，高祖之業已淪，文、明之軌誰嗣。公遠稽殷、漢之義，近遵魏、晉之典，猥以眇身，入奉宗祐，七廟清謐，九區反政。此又公之功也。

梁元帝〈馳檄告四方〉〔註42〕

失忠與義，難以自立。想誠南風，乃眷西顧，因變立功，轉禍爲福。有能縛侯景及送首者，封萬戶開國公，絹布五萬匹。有能率動義眾，以應官軍，保全城邑，不爲賊用，上賞方伯，下賞剖符，並裂山河，以紆青紫。昔由余入秦，禮同卿佐；日磾降漢，且珥金貂。必有其才，何卹無位。若執迷不反，拒逆王師，大軍一臨，刑茲罔赦。**孟諸焚燎，芝艾俱盡；宣房河決，玉石同沈**。信賞之料，有如皎日；黜陟之制，事均白水。檄布遠近，咸使知聞。

任昉〔註43〕〈策梁公九錫文〉〔註44〕

〔註42〕嚴可均校輯《全上古三代秦漢三國六朝文》（北京市：中華書局，1958），頁3043。

〔註43〕任昉（460 年～508 年），字彥升，小字阿堆，樂安博昌人。南朝梁文學家。生於宋孝武帝大明四年，卒于梁武帝天監七年，年四十九歲。與沈約、王僧儒同爲三大藏書家。「竟陵八友」之一（竟陵八友：任昉、王融、謝朓、沈約、

忠勇之徒，得申厥效，白旗宣室，未之或比，此又公之功也。公有拯億兆之勳，重之以明德，爰初屬志，服道儒門，濯纓來仕，清猷映代，時運艱難，宗社危殆，**昆岡巳燎，玉石同焚**，驅率貔貅，抑揚霆電，義等南巢，功齊牧野；若夫禹功寂寞，微管誰嗣，拯其將魚，驅其被髮，解茲亂網，理此棼絲，複禮袿席，反樂河海，永平故事，聞之者歎息，司隸舊章，見之者隕涕，請我民命，還之罔極，憫憫搢紳，重荷戴天之慶，哀哀黔首，複蒙履地之恩，德逾嵩岱，功鄰造物，超或邈矣，越無得而言焉。朕又聞之，疇庸命德，建侯作屏，咸用克固四維，永隆萬葉，是以二南流化，九伯斯征，王道淳洽，刑措罔用，覆政弗興，曆茲永久，如毀既及，晉鄭靡依。惟公經綸天地，甯濟區夏，道冠乎伊稷，賞薄於桓文，豈所以憲章齊魯，長彎宇宙？敬惟前烈，朕甚懼焉。

佚名〈銘〉〔註45〕

岩岩我君，崇墉增仞。內通神明，出符大順。**火炎昆岡，神嶽崩潰。蘭艾同爐，玉石俱碎。**哲人遭命，哀有餘慨。

第三節　引用《商書》之研究

一、〈仲虺之誥〉

陳武帝〈即位告天文〉〔註46〕

梁帝高謝萬邦，授以大寶。霸先自惟匪薄，讓德不嗣，至於再三，辭弗獲許，僉以百姓須主，萬機難曠，皇靈眷命，非可謙拒，畏天之威，用膺嘉祚，永言夙志，**能無慚德**，敬簡元辰，升壇受禪，告類上帝，用答民心，永保于我有陳，惟明靈是饗。

本篇引用：「放桀於南巢，**惟有慚德**。曰：『予恐來世以台為口實。』」

陸倕、范雲、蕭琛、蕭衍）。作《奏彈范縝》文，他反對範縝的「神滅論」。

〔註44〕嚴可均校輯《全上古三代秦漢三國六朝文》（北京市：中華書局，1958），頁3189。

〔註45〕嚴可均校輯《全上古三代秦漢三國六朝文》（北京市：中華書局，1958），頁3366。

〔註46〕嚴可均校輯《全上古三代秦漢三國六朝文》（北京市：中華書局，1958），頁3406。

裴松之〔註47〕〈請禁私碑表〉〔註48〕

　　碑銘之作，以**明示後昆**，自非殊功異德，無以允應茲典。大者道動光遠，世所宗推，其次節行高妙，遺烈可紀。若乃亮采登庸，績用顯著，敷化所蒞，惠訓融遠，述詠所寄，有賴鑴勒，非斯族也，則幾乎僭黷矣。俗敝偽興，華煩已久。是以孔悝之銘，行是人非；蔡邕制文，每有愧色。而自時厥後，其流彌多，預有臣吏，必爲建立，勒銘寡取信之實，刊石成虛僞之常，眞假相蒙，殆使合美者不貴，但論其功費，又不可稱。不加禁裁，其敝無已。以爲諸欲立碑者，宜悉令言上，爲朝議所許，然後聽之，庶可以防過無征，顯彰茂實，使百世之下，知其不虛，則義信於仰止，道孚於來葉。

齊東昏侯〈徐孝嗣賜死下詔〉〔註49〕

　　周德方熙，「三監」迷叛，漢曆載昌，宰臣構戾，皆身膏斧鉞，族同煙燼。殷鑒上代，**垂戒後昆**。徐孝嗣憑藉世資，早蒙殊遇，階緣際會，遂登臺鉉。匡翼之誠無聞，諂黷之跡屢著，沈文季門世。

王儉〈又議〉〔註50〕

　　自頃服章多闕，有違前准，近議依令文，被報不宜改革，又稱左丞劉議，案令文，「凡有朝服，今多闕亡。然則文存服損，非唯鉉佐，用舍既久，即爲舊章」，如下旨。伏尋皇宋受終，每因晉舊制，律令條章，同規在昔。若事有宜，必合懲改，則當上關詔書，下由朝議，懸諸日月，**垂則後昆**。豈得因外府之乖謬，以爲盛宋之興典，用晉氏之律令，而謂其儀爲頹法哉！

王偉〈爲侯景抗表違盟〉〔註51〕

　　臣與高澄，既有仇憾，義不同國，歸身有道。陛下授以上將，任以專征，歌鐘女樂，車服弓矢。臣受命不辭，實思報效，方欲掛斾嵩、

〔註47〕裴松之（372年～451年），字世期，祖籍河東聞喜人。爲《三國志注》作者。
〔註48〕嚴可均校輯《全上古三代秦漢三國六朝文》（北京市：中華書局，1958），頁2525。
〔註49〕嚴可均校輯《全上古三代秦漢三國六朝文》（北京市：中華書局，1958），頁2817。
〔註50〕嚴可均校輯《全上古三代秦漢三國六朝文》（北京市：中華書局，1958），頁2844。
〔註51〕嚴可均校輯《全上古三代秦漢三國六朝文》（北京市：中華書局，1958），頁3367～3368。

華，懸旌冀趙，劉夷蕩滌，一匡宇內。陛下朝服濟江，告成東嶽，使大樸與軒黃等盛，臣與伊呂比功，**垂裕後昆**，流名竹帛，此實生平之志也。

陳後主〈改築孔子廟詔〉〔註52〕

宣尼誕膺上哲，體資至聖，祖述憲章之典，並天地而合德，樂正雅頌之奧，與日月而偕明，**垂後昆之訓範**，開生民之耳目，梁季湮微，靈寢忘處，鞠爲茂草，三十餘年。敬仰如在，永惟愾息。今雅道雍熙，由庚得所，斷琴故履，零落不追，閱笥開書，無因循復。外可詳之禮典，改築舊廟，蕙房桂棟，咸使惟新，芳繁潔潦，以時饗奠。

以上各篇引用：「王懋昭大德，建中於民，以義制事，以禮制心，**垂裕後昆**。」

徐陵〔註53〕〈進封陳司空爲長城公詔〉〔註54〕

德懋懋官，功懋懋賞，皇王盛則，所謂元龜。司空公南徐州刺史、長城縣開國侯諱，志懷寅亮，風度弘遠，體文經武，明允篤誠。曩者率五嶺之強兵，誅四海之譙敵，固以勒功彝鼎，書勳太常，克定京師，勤勞自重。自鎮撫　榆，永寗豐沛，東涼既息，北蔡無歸，代馬燕犀，氣雄天下，裹糧坐甲，固敵是求，方欲大討于秦崤，敦脩於與睦，葉謀上相，爰納朕躬，思所以敬答忠勳，用申朝典，可進爵爲長城縣公。

本篇引用：「**德懋懋官，功懋懋賞**。用人惟己，改過不吝。克寬克仁，彰信兆民。」

二、〈湯誥〉

文句的引用：

宋武帝〔註55〕〈即位詔〉〔註56〕

〔註52〕嚴可均校輯《全上古三代秦漢三國六朝文》（北京市：中華書局，1958），頁3422。

〔註53〕徐陵（507 年～583 年），字孝穆。祖籍東海郯。以詩文聞名，與庾信齊名，號徐庾體。

〔註54〕嚴可均校輯《全上古三代秦漢三國六朝文》（北京市：中華書局，1958），頁3431。

〔註55〕宋高祖武皇帝劉裕（363 年～422 年），字德興，幼名寄奴，廟號高祖。彭城綏興里人。

夫世代迭興，承天統極，雖遭遇異途，因革殊事。若乃功濟區宇，道振生民，興廢所階，異世一揆。朕以寡薄，屬當艱運，藉否終之期，因士民之力，用獲拯溺，匡世撥亂，安國寧民，業未半古，功參曩烈。晉氏以多難仍遘，曆運已移，欽若前王，憲章令軌，用集大命於**朕躬**。惟德匪嗣，辭不獲申，遂祗順三靈，饗茲景祚，燔柴於南郊，受終於文祖。猥當與能之期，爰集樂推之運，嘉祚肇開，隆慶惟始，思俾休嘉，惠茲兆庶。其大赦天下，改晉元熙二年爲永初元年。賜民爵二級，鰥寡孤獨不能自存者，人穀五斛。逋租宿債勿復收。其有犯鄉論清議，贓汙淫盜，一皆蕩滌洗除，與之更始。長徒之身，特皆原遣。亡官失爵，禁錮奪勞，一依舊准。

宋明帝〈下顏□詔〉〔註 57〕

延之昔師訓**朕躬**，情契兼款，前記室參軍濟陽太守□，伏勤蕃朝，綢繆恩舊，可爲中書侍郎。

宋明帝〈徙松滋侯子房詔〉〔註 58〕

不虞之釁，著自終古，情爲法屈，聖達是遵。朕埽穢定傾，再全寶業，遠惟鴻基，猥當負荷。思弘治道，務盡敦睦，而妖豎遘扇，妄造異圖。自西南阻兵，東夏侵斥，都邸群凶，密相唇齒。路休之兄弟，專作謀主，規興禍亂，令舍人嚴龍覘覦宮省，以羽林出討，宿衛單罄，候隙伺間，將謀竊發。劉祗在蕃，夫相應援，通言北寇，引令過淮。頃休范濟江，潛欲拒捍，賴蔔祚靈長，奸回弗逞。陰慝已露，宜盡憲辟，實以方難未夷，曲加遵養。今王化帖泰，宜辨忠邪，涓流不壅，燎火難滅。便可委之有司，肅正刑典。松茲侯子房等，淪陷逆徒，協同醜悖，遂與簽帥群小，潛通南釁，連結祗等，**還圖朕躬**。雖咎戾已彰，在法無宥，猶子之情，良所未忍。可廢爲庶人，徙付遠郡。

齊高帝〔註 59〕〈即位改元大赦詔〉〔註 60〕

〔註 56〕嚴可均校輯《全上古三代秦漢三國六朝文》（北京市：中華書局，1958），頁 2442。

〔註 57〕嚴可均校輯《全上古三代秦漢三國六朝文》（北京市：中華書局，1958），頁 2478。

〔註 58〕嚴可均校輯《全上古三代秦漢三國六朝文》（北京市：中華書局，1958），頁 2479～2480。

五德更紹，帝跡所以代昌，三正迭隆，王度所以改耀。世有質文，時或因革，其資元膺曆，經道振民，固以異術同揆，殊流共貫者矣。朕以寡昧，屬值艱季，推肆勤之誠，藉樂治之數，賢能悉心，士民致力，用獲拯溺龔暴，一匡天下。業未參古，功殆侔昔。宋氏以陵夷有征，歷數攸及，思弘樂推，永鑒崇替，**爰集天祿於朕躬**。惟志匪薄，辭弗獲昭，遂欽從天人，式繇景命，祗月正於文祖，升禋燔於上帝。猥以寡德，光宅四海，纂革代之蹤，托王公之上，若涉淵水，罔知所濟。寶祚初啓，洪慶惟新，思俾利澤，宣被億兆，可赦天下。改升明三年爲建元元年。賜民爵二級，文武進位二等，鰥寡孤獨不能自存者穀人五斛，逋祖宿債勿複收。有犯鄉論清議，贓汙淫盜，一皆蕩滌，洗除先注，與之更始。長徒敕系之囚，特皆原遣。亡官失爵，禁錮奪勞，一依舊典。

齊高帝〈詔答河南王拾寅〉〔註61〕

皇帝敬問使持節、散騎常侍、都督西秦河沙三州諸軍事、車騎大將軍、開府儀同三司、領護羌校尉、西秦河二州刺史、新除驃騎大將軍、河南王：寶命革授，**爰集朕躬**，猥當大業，祗惕兼懷。聞之增感。王世武至，得元徽五年五月二十一日表，夏中濕熱，想比平安。又卿款誠遙著，保寧遐疆。今詔升徽號，以酬忠款，遣王世武銜命拜授。又仍使王世武等往芮芮，想即資遣，使得時達。又奏所上馬等物悉至，今往別牒錦絳紫碧緣黃青等紋各十匹。

齊武帝〔註62〕〈贈諡王儉詔〉〔註63〕

慎終追遠，列代通規，褒德紀勳，彌峻恒策。故侍中、中書令、太

〔註59〕 齊高帝蕭道成（427年～482年），字紹伯，南朝齊開國皇帝。升明三年三月，進相國，總百揆，封齊公，加九錫。四月，進爵爲王，受禪，改元建元。在位四年，諡曰高皇帝，廟號太祖。

〔註60〕 嚴可均校輯《全上古三代秦漢三國六朝文》（北京市：中華書局，1958），頁2793。

〔註61〕 嚴可均校輯《全上古三代秦漢三國六朝文》（北京市：中華書局，1958），頁2794。

〔註62〕 齊武帝蕭賾（440年～493年），字宣遠，齊高帝蕭道成長子，母劉智容。南朝齊第二任皇帝，病死時54歲，葬景安陵。年號永明。

〔註63〕 嚴可均校輯《全上古三代秦漢三國六朝文》（北京市：中華書局，1958），頁2806～2807。

子少傳、領國子祭酒、衛軍將軍、開府儀同三司、南昌公儉，體道
秉哲，風宇淵曠。肇自弱齡，清猷自遠。登朝應務，民望斯屬。草
昧皇基，協隆鼎祚。宏謨盛烈，載銘彝篆。**及贊朕躬**，徽績光茂。
忠圖令範，造次必彰。四門允穆，百揆時序。宗臣之重，情寄兼常。
方正位論道，永厘袞職，弼茲景化，以贊隆平。天不　遺，奄焉死
逝，朕用震慟於厥心。可追贈太尉，侍中、中書監、公如故。給節，
加羽葆鼓吹，增班劍爲六十人。葬禮依故太宰文簡公褚淵故事。塚
墓材官營辦，諡文憲公。

梁武帝〈幸阿育王寺赦詔〉〔註64〕

天地盈虛，與時消息，萬物不得齊其蠢生，二儀不得恒其覆載，故
勞逸異年，歡慘殊日，去歲失稔，鬥粟貴騰，民有困窮，遂臻斯濫，
原情察咎，或有可矜，下車問罪，聞諸前誥，**責歸元首，窮在朕躬**，
若皆以法繩，則自新無路。書不云乎，與殺不辜，寧失不經？易曰，
隨時之義大矣哉！今眞形舍利，複見於世，逢稀有之事，起難遭之
想，今出阿育王寺，設無礙會，耆年童齒，莫不欣悅，如積饑得食，
如久別見親，幽顯歸心，遠近馳仰，士女霞布，冠蓋雲集，因時布
德，允葉人靈。凡天下罪無輕重，皆赦除之。

沈約〔註65〕〈改天監元年赦詔〉〔註66〕

門下：五精遞襲，皇王所以受命，四海樂推，殷、周所以改物。雖
禪代相奔，遭會異時，而微明迭用，其流遠矣。莫不振民育德，光
被黎元。朕以寡暗，命不先後，寧濟之功，屬當期運，乘此時來，
因心萬物，遂振厥弛維，大造區夏。永言前蹤，義均慚德。齊氏以
代終有徵，歷數雲改，**欽若前載，集大命於朕躬**。顧惟菲德，辭不
獲命，寅畏上靈，用膺景業，執禋柴之禮，當與能之祚，繼跡百王，
君臨四海。若涉大川，固知攸濟；洪基初兆，萬品權輿。思俾慶澤，

〔註64〕嚴可均校輯《全上古三代秦漢三國六朝文》（北京市：中華書局，1958），頁
　　　2966。

〔註65〕沈約（441年～513年），字休文，吳興武康人。從20餘歲時開始，歷時20
　　　餘年，撰成《晉書》120卷。487年，奉詔修《宋書》，一年完成。另著有《齊
　　　紀》20卷、《梁武紀》14卷、《邇言》10卷、《諡例》、《宋文章志》30卷、《四
　　　聲譜》等，皆佚，僅《宋書》流傳至今。

〔註66〕嚴可均校輯《全上古三代秦漢三國六朝文》（北京市：中華書局，1958），頁
　　　3104。

　　　　覃被率土。可大赦天下，改齊中興二年爲天監元年。賜民爵二級，
　　　　文武加位二等；鰥寡孤獨不能自存者，人穀五斛；逋布口錢宿債勿
　　　　複收；其有犯鄉論清議贓汙淫盜，一皆蕩滌，洗除前注，與之更始。
　　　　長從赦系之身，特皆原遣。亡官失爵，禁錮奪勞，一依舊典。

王偉〈台城陷矯詔〉〔註67〕

　　　　日者奸臣擅命，幾危社稷，賴丞相英發，**入輔朕躬**。征鎮牧守，可
　　　　各複本任。降蕭正德爲侍中大司馬，百官皆複其職。

陳武帝〈受禪大赦詔〉〔註68〕

　　　　五德更運，帝王所以禦天，三正相因，夏殷所以宰世，雖色分辭翰，
　　　　時異文質，揖讓征伐，迆用參差，而育德振民，義歸一揆。朕以寡
　　　　昧，時屬艱危，國步屢屯，天維三絕，肆勤先後，拯厥橫流，藉將
　　　　帥之功，兼猛士之力，一匡天下，再造黔黎，梁氏以天祿永終，歷
　　　　數攸在，遵與能之典，**集大命於朕躬**，顧惟匪德，辭不獲亮，式從
　　　　天眷，俯協民心，受終文祖，升禋上帝，繼跡百王，君臨萬宇，若
　　　　涉川水，罔知攸濟，寶業初建，皇祚維新，思俾惠澤，覃被億兆，
　　　　可大赦天下，改梁太平二年爲永定元年，賜民爵二級，文武二等，
　　　　鰥寡孤獨不能自存者，人穀五斛，逋租宿債，皆勿複收，其有犯鄉
　　　　里清議贓汙淫盜者，皆洗除先注，與之更始，長徒赦系，特皆原之，
　　　　亡官失爵，禁錮奪勞，一依舊典。

陳文帝〈即位大赦詔〉〔註69〕

　　　　上天降禍，奄集邦家，大行皇帝背離萬國，率土崩心，若喪考妣，
　　　　龍圖寶曆，眇屬**朕躬**，運鍾擾攘，事切機務，南面須主，西讓禮輕，
　　　　今便式膺景命，光宅四海，可大赦天下，罪無輕重，悉皆蕩滌，逋
　　　　租宿債，吏民愆負，可勿複收；文武內外，量加爵敘；孝悌力田，
　　　　爲父後者，賜爵一級。庶祗畏在心，公卿畢力，勝殘去殺，無待百
　　　　年，興言號哽，深增慟絕。

〔註67〕嚴可均校輯《全上古三代秦漢三國六朝文》（北京市：中華書局，1958），頁
　　　　3369。

〔註68〕嚴可均校輯《全上古三代秦漢三國六朝文》（北京市：中華書局，1958），頁
　　　　3404。

〔註69〕嚴可均校輯《全上古三代秦漢三國六朝文》（北京市：中華書局，1958），頁
　　　　3407。

陳文帝〈改元大赦詔〉〔註70〕

朕以寡德，纂承洪緒，日昃劬勞，思弘景業，而政道多昧，黎庶未
康，兼疹患淹時，亢陽累月，**百姓何咎，實由朕躬**；念茲在茲，痛
如疾首，可大赦天下，改天嘉七年爲天康元年。

陳宣帝〈即位改元大赦詔〉〔註71〕

夫聖人受命，王者中興，並由懿德，方作元後。高祖武皇帝揖拜堯
圖，經綸禹跡，配天之業，光辰象而利貞，格地之功，侔川岳而長
遠。世祖文皇帝、體上聖之姿，當下武之運，築宮示儉，所務唯德，
定鼎初基，厥謀斯在。朕以寡薄，才非聖賢，夙荷前規，方傳景祚，
雖複親承訓誨，志守藩維，詠季子之高風，思城陽之遠托，自元儲
紹國，正位君臨，無道非幾，佇聞刑措；豈圖王室不造，頻謀亂階，
天步艱難，將傾寶曆，仰惟嘉命，**爰集朕躬**，我心貞確，堅誓蒼昊，
而群辟啓請，相喧渭橋，文母尊嚴，懸心長樂，對揚璽綬，非止殷
湯之三辭，履涉春冬，何但代王之五讓，今便肅奉天策，欽承介圭，
若據滄溟，逾增兢業，思所以雲行雨施，品物咸亨，當與黔黎，普
同斯慶。可改光大三年爲大建元年，大赦天下，在位文武，賜位一
階，孝悌力田，及爲父後者，賜爵一級，異等殊才，並加策序，鰥
寡孤獨，不能自存者，人賜穀五斛。

陳宣帝〈停減供禦詔〉〔註72〕

惟堯葛衣鹿裘，則天爲大，伯禹弊衣菲食，夫子曰「無間然」。故儉
德之恭，約失者鮮。朕君臨宇宙，十變年籥，旰日勿休，乙夜忘寢，
跂予思治，若濟巨川，念茲在茲，懷同馭朽，非貪四海之富，非念
黃屋之尊，導仁壽以置群生，寧勞役以奉諸己；但承梁季，亂離斯
瘼，宮室禾黍，有名亡處，雖輪奐未睹，頗事經營，去泰去甚，猶
爲勞費；加以戎車屢出，千金日損，府帑未充，民疲征賦，百姓不
足，君孰與足，興言靜念，夕惕懷抱，垂訓立法，良所多慚，斫雕
爲樸，庶幾可慕，雉頭之服既焚，弋綈之衣方襲，損撤之制，**前自**

〔註70〕同上。
〔註71〕嚴可均校輯《全上古三代秦漢三國六朝文》（北京市：中華書局，1958），頁
　　　　3415
〔註72〕嚴可均校輯《全上古三代秦漢三國六朝文》（北京市：中華書局，1958），頁
　　　　3417。

　　朕躬，草偃風行，冀以變俗，應禦府堂署所營造禮樂儀服軍器之外，其餘悉皆停息，掖庭常供，王侯妃主，諸有俸恤，並各量減。

徐陵〈進封陳司空爲長城公詔〉〔註73〕

　　德懋懋官，功懋懋賞，皇王盛則，所謂元龜。司空公南徐州刺史、長城縣開國侯諱，志懷寅亮，風度弘遠，體文經武，明允篤誠。曩者率五嶺之強兵，誅四海之讎敵，固以勒功彝鼎，書勳太常，克定京師，勤勞自重。自鎮撫枌榆，永宵豐沛，東涼既息，北蔡無歸，代馬燕犀，氣雄天下，裹糧坐甲，固敵是求，方欲大討于秦崤，敦脩於與睦，葉謀上相，**爰納朕躬**，思所以敬答忠勳，用申朝典，可進爵爲長城縣公。

以上引用：「凡我造邦，無從匪彝，無即慆淫，各守爾典，以承天休。爾有善，朕弗敢蔽；**罪當朕躬**，弗敢自赦，惟簡在上帝之心。其爾萬方有罪，在予一人；予一人有罪，無以爾萬方。嗚呼！尚克時忱，乃亦有終。」

宋武帝〈即位告天策〉〔註74〕

　　皇帝臣裕，**敢用玄牡，昭告皇天后帝**。晉帝以卜世告終，歷數有歸，欽若景運，以命於裕。夫樹君宰世，天下爲公，德充帝王，樂推攸集。越亡唐虞，降暨漢魏，靡不以上哲格文祖，元勳陟帝位，故能大拯黔首，垂訓無窮。晉自東遷，四維不振；宰輔憑依，（《南史》作「焉依」。）爲日已久。難棘隆安，禍成元興。遂至帝主遷播，宗祀堙滅。裕雖地非齊晉，眾無一旅，仰憤時難，俯悼橫流，投袂一麾，則皇祀克復，及危而能持，顛而能扶，奸宄具殲，僭僞必滅。誠興廢有期，否終有數。至於大造晉室，撥亂濟民，因藉時來，實屍其重。加以殊俗慕義，重譯來庭，正朔所暨，咸服聲教。至乃三靈垂象，山川告祥，人神協祉，歲月滋著。是以群公卿士，億兆夷人，僉曰皇靈降鑒於上，晉朝款誠於下，天命不可以久淹，宸極不可以暫曠。遂逼群議，恭茲大禮。

齊高帝〈即位告天文〉〔註75〕

〔註73〕嚴可均校輯《全上古三代秦漢三國六朝文》（北京市：中華書局，1958），頁3431。

〔註74〕嚴可均校輯《全上古三代秦漢三國六朝文》（北京市：中華書局，1958），頁2445。

〔註75〕嚴可均校輯《全上古三代秦漢三國六朝文》（北京市：中華書局，1958），頁

皇帝臣道成，**敢用玄牡，昭告皇皇後帝**。宋帝陟鑒乾序，欽若明命，以命於道成。夫肇自生民，樹以司牧，所以闡極則天，開元創物，肆茲大道。天下惟公，命不于常。昔在虞、夏，受終上代，粵自漢、魏、揖讓中葉，咸炳諸典謨，載在方冊。水德既微，仍世多故，實賴道成匡拯之功，以弘濟於厥艱。大造顯墜，再構區宇，宣禮明刑，締仁緝義。昬緯凝象，川嶽表靈，誕惟天人，罔弗和會。乃仰協歸運，景屬與能，用集大命於茲。辭德匪嗣，至於累仍，而群公卿士，庶尹禦事，爰及黎獻，至於百戎，僉曰「皇天眷命，不可以固違，人神無托，不可以曠主」。畏天之威，敢不祗從鴻曆。敬簡元辰，虔奉皇符，升壇受禪，告類上帝，以永答民衷，式敷萬國。惟明靈是饗！

梁武帝〈即位告天文〉〔註76〕

皇帝臣衍，**敢用玄牡，昭告於皇天后帝**。齊氏以曆運斯既，否終則亨，欽若天應，以命於衍。夫任是司牧，惟能是授，天命不于常，帝王非一族，唐謝虞受，漢替魏升，爰及晉、宋，憲章在昔，咸以君德馭四海，元功子萬姓，故能大庇氓黎，光宅區宇。齊代雲季，世主昏凶，狠焉群慝，是崇是長，肆厥奸回暴亂，以播虐於我有邦，俾溥天惴惴，將墜於深塹，九服八荒之內，連率嶽牧之君，蹶角頓顙，匡救無術，臥薪待然，援天靡訴。衍投袂星言，摧鋒萬里，屬其掛冠之情，用拯兆民之切，銜膽誓眾，履銳屠堅，建立人主，克翦昏亂，遂因時來，宰司邦國，濟民康世，實有厥勞，而昬緯呈祥，川嶽效祉，朝夕峒牧，日月郊畿，代終之符既顯，革運之期已萃，殊俗百蠻，重譯獻款，人神遠邇，罔不和會。於是群公卿士，咸致厥誠，並以皇乾降命，難以謙拒，齊帝脫屣萬邦，授以神器，衍自惟匪德，辭不獲許，仰迫上玄之眷，俯惟億兆之心，宸極不可久曠，民神不可乏主，遂藉樂推，膺此嘉祚，以茲寡薄，臨禦萬方，顧求夙志，永言祗惕，敬簡元辰，恭茲大禮，升壇受禪，告類上帝，克播休祉，以弘盛烈，式傳厥後，用永保於我有梁，惟明靈是饗。

2800～2801。

〔註76〕嚴可均校輯《全上古三代秦漢三國六朝文》（北京市：中華書局，1958），頁2986。

陳武帝〈即位告天文〉〔註77〕

> 皇帝臣霸先，**敢用玄牡，昭告於皇皇後帝**，梁氏以圮剝薦臻，曆運
> 有極，欽若天應，以命於霸先。大肇有烝民，乃樹司牧，選賢與能，
> 未常厥姓，放勳重華之世，咸無意於受終，當塗典午之君，雖有心
> 於揖讓，皆以英才處萬乘，高勳鬱四海，故能大庇黔首，光宅區縣。
> 有梁末運，仍葉遘屯，獨醜憑陵，久移神器，承聖在外，非能祀夏，
> 天未悔禍，複罹寇逆，嫡嗣廢黜，宗枝僭詐，天地蕩覆，紀綱泯絕。
> 霸先爰初投袂，大拯橫流，重舉義兵，實戡多難，廢王立帝，實有
> 厥功，安國定社，用盡其力，是謂小康，方期大道，既而煙雲表色，
> 日月呈瑞，緯聚東井，龍見譙邦，除舊佈新，既彰玄象，遷虞事夏，
> 且協謳訟，九域八荒，同布衷款，百神群祀，皆有誠願。梁帝高謝
> 萬邦，授以大寶。霸先自惟匪薄，讓德不嗣，至於再三，辭弗獲許，
> 僉以百姓須主，萬機難曠，皇靈眷命，非可謙拒，畏天之威，用膺
> 嘉祚，永言夙志，能無慚德，敬簡元辰，升壇受禪，告類上帝，用
> 答民心，永保于我有陳，惟明靈是饗。

以上引用：「天道福善禍淫，降災於夏，以彰厥罪。肆台小子，將天命明威，
不敢赦。**敢用玄牡，敢昭告於上天神後**，請罪有夏。聿求元聖，與之戮力，
以與爾有眾請命。上天孚佑下民，罪人黜伏，天命弗僭，賁若草木，兆民允
殖。」

此四篇皆是開國君王告上天之文，後三篇中文辭多有相同。

典故的引用：

陳文帝〈大通方廣懺文〉〔註78〕

> 菩薩戒弟子稽首和南，十方三寶。竊以諸佛剎土，不可言說，如來
> 稱號，無有限量，或過去現在，共取頗羅之姓，或同時異世，俱有
> 釋迦之名，或明王十億，或然燈三萬，去來三界，遍滿十方，聞名
> 者離塵，受持者得道，其為功德，難用思議，釋迦如來，以無礙力，
> 游婆羅之淨道，止吉祥之福地，寶池化生，金花自湧，說大通方廣，

〔註77〕 嚴可均校輯《全上古三代秦漢三國六朝文》（北京市：中華書局，1958），頁
　　　　3406。
〔註78〕 嚴可均校輯《全上古三代秦漢三國六朝文》（北京市：中華書局，1958），頁
　　　　3412。

出三寶名號，譬如六天，總歸一乘。弟子用慈悲之心，修平等之業，**常以萬邦有罪，責自一人**，四生未安，理爲重任，所以薰修在己，日夜忘勞，精進爲心，夜分未息，菩薩行處，皆願受持，諸佛法門，悉令如說，欲使普天率土，無復怖畏之塵，蠕動蜎飛，永得歸依之地；今謹依經教，於某處建如幹僧如幹日行方廣懺悔，讀誦百遍，右繞七幣，塗香末香，盡莊嚴之相，正念止觀，罄精懇之心，見前大眾，至心敬禮本師釋迦如來，禮方廣經中所說三寶名字，願諸佛菩薩，尋聲赴響，放淨光明，照諸暗濁，施清涼水，滅茲渴愛，登六度舟，入三昧海，總萬有而會眞如，齊三界而登實法，稽首敬禮常住三寶。

此篇引用：「凡我造邦，無從匪彝，無即慆淫，各守爾典，以承天休。爾有善，朕弗敢蔽；罪當朕躬，弗敢自赦，惟簡在上帝之心。**其爾萬方有罪，在予一人；予一人有罪，無以爾萬方。**嗚呼！尚克時忱，乃亦有終。」

此篇類似後世所謂之「罪己召」，通篇文字及文字情感可看出參考〈湯誥〉之處頗多，因此歸類於典故的引用。

徐陵〈丹陽上庸路碑〉〔註79〕

臣聞在天成象，咸池屬於五潢，在地成形，滄海環於四瀆，國險者固其金湯，儲蓄者因於轉漕，貨財爲禮，專侯會通，厥田爲上，皆資滲漉，大矣哉！坎德之爲用也。是以握圖之主，財以利民，禦鬥之君，因之顯教，上哉少昊，初命水官，逖矣高陽，爰重冥職，舜爲太尉，於是九澤載疏，禹作司空，然後百川咸導，開華山于高掌，鑿靈沼于周原，莫匪神功，皆由聖德。我大樑之受天明命，勞己濟民，有道稱皇，無爲曰帝，若夫雲雷草創，**翦商黜夏之勳**，鑄寶鼎於昆吾，安能紀勒，陳鳴鐘于豐嶽，豈識揄揚，斯固名言之所絕也。及乎膺斯寶運，大拯橫流，屈至道于汾陽，勞凝神於藐射，聖人作樂，簫韶備以九成，哲王盡禮，春官總於三代，豈止金門梓竹，玉尺調鍾，公帶獻明堂之圖，匡衡建後土之議，若斯而已矣。天降丹鳥，既序孝經，河出應龍，乃弘周易。若夫固天將聖，垂意藝文，五色相宣，八音繁會，不移漏刻，才命口占，禦紙風飛，天章海溢，

〔註79〕嚴可均校輯《全上古三代秦漢三國六朝文》（北京市：中華書局，1958），頁3460。

皆紫庭黃竹之詞，晨露卿雲之藻，漢之兩帝，徒有詠歌，魏之三祖，
空雲詩賦，以為彭老之教，終沒愛河，儒墨之宗，方離火宅，豈如
五時八會之殊文，天上人中之妙典，雪山羅漢，爭造論門，鷲嶺名
僧，俱傳經藏，香象之力，特所未勝，秋兔之毫，書而莫盡，忠信
為寶，禳祈免于白駒，明德惟馨，山川舍於土犢，至如月離金虎，
泥染石牛，薈蔚朝興，滂沱晚注，而清蹕才動，纖羅不搖，高閈將
臨，油雲自辟，揚烏馭日，甯懼武賁之功，飛雨蔽天，無待期門之
蓋，震維舉德，非日尚年，若發居酆，猶莊在漢，濤如白馬，既礙
廣陵之江，山曰金牛，用險梅湖之路，專州典郡，青鳧赤馬之船，
皇子天孫，鳴鳳飛龍之乘，莫不欣斯利涉，玩此修渠，乍擁節而長
歌，乃擬金而鳴籟，斯實曠世之奇功，無疆之鴻烈者也。

虞荔〔註80〕〈鼎錄序〉〔註81〕

昔虞夏之盛，遠方皆至，使九牧貢九金，鑄九鼎于荊山之下，於昆
吾氏之墟，白若甘攪之地，圖其山川奇怪，百物而為之備，使人知
神奸，不逢其害，以定其祥，鼎成，三足而方，不炊而自沸，不舉
而自藏，不遷而自行。九鼎既成，定之國都。**桀有亂德，鼎遷于殷，**
載祀六百。殷紂暴虐，鼎遷于周，成王定鼎於郟鄏卜，葛世三十，
葛年七百，天所命也。及顯王姬德大衰，鼎淪入泗水。秦始皇之初，
見於彭城，大發徒出之，不能得焉。

以上引用〈湯誥〉中所紀錄湯征伐夏桀時所說的罪行。因此歸類於典故類。

三、〈伊訓〉

何昌㝢〔註82〕〈與司空褚淵書理建平王景素〉〔註83〕

竊尋故建平王，地屬親賢，德居宗望，道心惟沖，睿性天峻。散情
風雲，不以塵務嬰衿，明發懷古，惟以琴書娛志。言忠孝，行忄享
慎，二公之所深鑒也。前者阮、楊連黨，構此紛紜，雖被明於朝貴，

〔註80〕虞荔（502～561），南朝梁、陳時余姚人。諡曰德。著有《鼎錄》。
〔註81〕嚴可均校輯《全上古三代秦漢三國六朝文》（北京市：中華書局，1958），頁
　　　　3467。
〔註82〕何昌㝢（？～494）字儼望，廬江人。建武四年卒，贈太常，諡曰簡。
〔註83〕嚴可均校輯《全上古三代秦漢三國六朝文》（北京市：中華書局，1958），頁
　　　　2901。

愈結怨於群醜。覘察繼蹤，疑防重著，小人在朝，詩史所歎。(少一句。) 清識飲涕。王每永言終日，氣淚交橫。既推信以期物，故日去其備衛，朱門蕭條，示存典刑而已。求解徐州，以避北門要任，苦乞會稽，貪處東甌閑務。此並彰於事蹟。與公道味相求，期心有素，方共經營家國，劬勞王室，何圖時不我與，契闊屯昏，忠誠弗亮，**罹此百殃**。

此是引用：「嗚呼！嗣王祗厥身，念哉！聖謨洋洋，嘉言孔彰。惟上帝不常，作善降之百祥，作不善**降之百殃**。」

四、〈太甲〉

顏延之 〔註84〕〈赭白馬賦〉〔註85〕(並序)

惟宋二十有二載，盛烈光乎重葉，武義粵其肅陳，文教迄已優洽，泰階之平升，興王之軌可接。訪國美於舊史，考方載於往牒。昔帝軒陟位，飛黃服皂。後唐膺籙，赤文侯日。漢道亨而天驥呈才，魏德懋而澤馬效質。逸倫之妙足，自前代而間出。並榮光於瑞典，登郊歌乎司律。所以崇衛威神，扶護警蹕。精曜協從，靈物咸秩。**暨明命之初基**，磬九區而率順。有肆險以棄朔，或逾遠而納賮。聞王會之阜昌，知函夏之充升。總六服以收賢，掩七戎而得駿。蓋乘風之淑類，實先景之洪胤。故能代驂象輿，曆配鉤陳。齒　延長，聲價隆振。聖祖之蕃錫，留皇情而驟進。

南高帝〈即位告天文〉〔註86〕

皇帝臣道成敢用玄牡，昭告皇皇後帝。宋帝陟鑒乾序，**欽若明命**，以命於道成。夫肇自生民，樹以司牧，所以闡極則天，開元創物，肆茲大道。天下惟公，命不于常。昔在虞、夏，受終上代，粵自漢、魏、揖讓中葉，咸炳諸典謨，載在方冊。水德既微，仍世多故，實賴道成匡拯之功，以弘濟於厥艱。大造顛墜，再構區宇，宣禮明刑，締仁緝義。昬緯凝象，川嶽表靈，誕惟天人，罔弗和會。乃仰協歸

〔註84〕顏延之 (384～456年)，字延年。祖籍琅邪臨沂。與謝靈運並稱「顏謝」。
〔註85〕嚴可均校輯《全上古三代秦漢三國六朝文》(北京市：中華書局，1958)，頁2633。
〔註86〕嚴可均校輯《全上古三代秦漢三國六朝文》(北京市：中華書局，1958)，頁2800～2801。

運，景屬與能，用集大命於茲。辭德匪嗣，至於累仍，而群公卿士，庶尹禦事，爰及黎獻，至於百戎，僉曰「皇天眷命，不可以固違，人神無托，不可以曠主」。畏天之威，敢不祗從鴻曆。敬簡元辰，虔奉皇符，升壇受禪，告類上帝，以永答民衷，式敷萬國。惟明靈是饗！

武帝〈立學詔〉〔註87〕

建國君民，立教為首。不學將落，嘉植靡由。朕**肇基明命**，光宅區宇，雖耕耘雅業。傍闡藝文，而成器未廣，志本猶闕，非所以熔范貴游，納諸軌度，思欲式敦讓齒，自家刑國。今聲訓所漸，戎夏同風，宜大啓庠斅，博延胄子，務彼十倫，弘此三德，使陶鈞遠被，微言載表。

以上是引用太甲上：「惟嗣王不惠於阿衡，伊尹作書曰：先王顧諟天之**明命**，以承上下神祇。社稷宗廟，罔不祗肅。天監厥德，用集大命，撫綏萬方。」

陳武帝〈下璽書敕州郡〉〔註88〕

梁氏以天祿斯改，期運永終，欽若唐虞，推其鼎玉。朕東西退讓，拜手陳辭，避舜子於箕山之陽，求支伯于滄洲之野，而公卿敦逼，率土翹惶，天命難稽，遂享嘉祚，今月乙亥，升禮太壇，言念遷桐，但有慚德。自梁氏將末，頻月亢陽，火運斯終，秋霖奄降，翌日成禮，圓丘宿設，埃雲晚霽，星象夜張，朝景重輪，泫三危之膏露，晨光合璧，帶五色之卿雲，顧惟寡薄，彌慚休祉，**昧旦丕顯**，方思至治。卿等擁旄方岳，相任股肱，剖符名宇，方寄恤隱，王曆惟新，念有欣慶，想深求民瘼，務在廉平，愛惠以撫孤貧，威刑以禦強猾，若有萑蒲之盜，或犯戎商，山谷之酋，擅強幽險，皆從肆赦，咸使知聞，如或迷途，俾在無貸。今遣使人具宜往旨，念思善政，副此虛懷。

這篇是引用：太甲上：「王惟庸罔念聞。伊尹乃言曰：先王**昧爽丕顯**，坐以待旦。帝求俊彥，啓迪後人，無越厥命以自覆。慎乃儉德，惟懷永圖。若虞機

〔註87〕嚴可均校輯《全上古三代秦漢三國六朝文》（北京市：中華書局，1958），頁2958。

〔註88〕嚴可均校輯《全上古三代秦漢三國六朝文》（北京市：中華書局，1958），頁3406。

張，往省括於度則釋。欽厥止，率乃祖攸行，惟朕以懌，萬世有辭。」
陳宣帝〈令內外舉賢極諫詔〉〔註89〕

> 舉善從諫，在上之明規，進賢謁言，爲臣之令範。朕以寡德，嗣守
> 寶圖，雖世襲隆平，治非寧一，辨方分職，旰食早衣，傍闕爭臣，
> 下無貢士，何其爾，鮮能抗直，豈餘獨運，匪薦讜言。置鼓公車，
> 罕論得失，施石象魏，莫陳可否，朱雲摧檻，良所不逢，禽息觸楹，
> 又爲難值。至如衣褐以見，擔簦以遊，或耆艾絕倫，或妙年異等，
> 幹時而不偶，左右莫之譽，黑貂改弊，黃金且殫，終身滯淹，可爲
> 太息。又貴爲百辟，賤有十品，工拙並驚，勸沮莫分，街謠徒擁，
> 廷議斯闕，實朕之弗明，而時無獻替，永言至治，何乃爽歟。外可
> 通示文武，**凡厥在位**，風化乖殊，朝政純蠹，正色直辭，有犯無隱，
> 兼各舉所知，隨才明試。其蒞政廉穢，在職能否，分別矢言，俟茲
> 黜陟。

此篇是引用：〈太甲下〉：「伊尹申誥於王曰："嗚呼！惟天無親，克敬惟親。民
罔常懷，懷於有仁。鬼神無常享，享於克誠。天位艱哉！德惟治，否德亂。
與治同道，罔不興；與亂同事，罔不亡。終始愼厥與，惟明明後。先王惟時
懋敬厥德，克配上帝。今王嗣有令緒，尚監茲哉！若升高，必自下，若陟遐，
必自邇。無輕民事，惟艱；**無安厥位**，惟危。愼終於始。」

五、〈咸有一德〉

蕭綸〔註90〕〈隱居貞白先生陶君碑〉〔註91〕

> 逍遙閑曠，放浪陵山；嗒然若喪，確乎難拔。屬齊末道消，天命既
> 否；水鬥穀洛，地震由辰。先生靜思冥數，預識微兆，於是近遠書
> 問，悉皆杜絕。昔乃聞之夏甫，今則見之先生。我大樑休運應期，
> **受天明命**，三辰開朗，四海宥宣。先生奉表稱慶，於是信問復通。

〔註89〕 嚴可均校輯《全上古三代秦漢三國六朝文》（北京市：中華書局，1958），頁
　　　　 3415。
〔註90〕 蕭綸字世調，梁武帝第六子，小字六眞。天監十三年封邵陵王，爲宥遠將軍，
　　　　 琅邪、彭城二郡太守。大寶中，假黃鉞、都督中外諸軍事。兵敗，爲西魏所
　　　　 殺。元帝追諡曰攜王。
〔註91〕 嚴可均校輯《全上古三代秦漢三國六朝文》（北京市：中華書局，1958），頁
　　　　 3081。

陳武帝　〈追贈兄道譚驃騎大將軍太尉封始興郡王詔〉〔註92〕

> 天倫所感，義本因心，名器追崇，則惟恒典。亡兄梁故南兗州刺史長城縣公，德范沈邃，風度寬厚，性與天通，深乎靡測，昔彈冠入仕，譽重城華，宣力艱難，遂顧洪業，雖時非季漢，勢異桓王，海內挹其風流，生民懷其大德者矣。**朕受天明命**，爰膺寶曆，言尋永往，興慕增懷，可奉贈太尉公。

以上引用：「惟尹躬暨湯，咸有一德，克享天心，**受天明命**，以有九有之師，爰革夏正。」

六、〈說命〉

謝靈運〔註93〕〈武帝誄〉〔註94〕

> 九有同悲，四海等哀。矧伊下臣，思戀徘徊。敢遵前典，式述聖徽。
>
> 乃作誄曰：
>
> 舜潛曆巖，高晦泗渚，龍德而隱，風積乃舉，皇之遯世，屯難方阻。眷此區寰，閔爾淪胥。太元之季，權戚攜薄，隆安之初，主相蒙弱。嶽牧糾虔，朝廷紛錯。妖橫乘隙巢，蛟噴鯨躍。既擾奧區，遂斥帝塵。亂離斯瘼，不後不先。**實賴明哲**，授手康旃。紀度回薄，餘分成閏。

褚淵〔註95〕〈為宋順帝禪位齊王詔〉〔註96〕

> 相國齊王，天誕睿聖，河嶽炳靈，拯傾提危，澄氛靜亂，匡濟艱難。功均造物。宏謀霜照，秘算雲回，旌斾所臨，一麾必捷，英風所拂，無思不偃，表裏清夷，遐邇寧謐。既而光啟憲章，弘宣禮教，奸宄之類，睹隆威而隔情，慕善之儔，仰徽猷而增屬，道邁於重華，勳

〔註92〕嚴可均校輯《全上古三代秦漢三國六朝文》（北京市·中華書局，1958），頁3404。

〔註93〕謝靈運（385年～433年），浙江會稽人。東晉名將謝玄之孫，小名「客」，人稱謝客。又以襲封康樂公，稱謝康公、謝康樂。

〔註94〕嚴可均校輯《全上古三代秦漢三國六朝文》（北京市：中華書局，1958），頁2618。

〔註95〕褚淵（435年～482年），字彥回，贈太宰，諡曰文簡。

〔註96〕嚴可均校輯《全上古三代秦漢三國六朝文》（北京市：中華書局，1958），頁2866。

超乎文命，蕩蕩乎無得而稱焉。是以辮發左衽之酋，款關請吏，木衣卉服之長，航海來庭，豈惟肅慎獻楛，越裳薦翬而已哉。故四奧載宅，六府克和，川陸效珍，禎祥鱗集，卿煙玉露，旦夕揚藻，嘉才芝英，瞖刻呈茂。革運斯炳，代終握樞，**允歸明哲**，固以獄訟去宋，謳歌適齊。

釋慧琳〔註97〕〈新安寺釋玄運法師誄〉〔註98〕（並序）

世滯悠曠，苦海遐長，欲善修掩，愛網宏張。法燈不曜，慧日霾光，朽宅燔僕，炎火浮揚。二儀構毀，算其有歲，三轉廓遼，空劫誰計？從冥詎曉，淪川莫濟，接踵既疏，實資命世。**日誕明哲**，降靈自緣，涵徽蘊器，有表孩年。神機幼徹，凝鑒早宣，猶玉初瑩，若珠啓泉。

僧祐〔註99〕〈出三藏記集序〉

名曰《出三藏記集》，一撰緣記，二銓名錄，三總經序，四述列傳。緣記撰，則原始之本克昭；名錄銓，則年代之目不墜；經序總，則勝集之時足徵；列傳述，則伊人之風可見。並鯰析內經，研鏡外籍，參以前識，驗以舊聞。若人代有據，則表爲司南；聲傳未詳，則文歸蓋闕。秉牘凝翰，志存信史。三複九思，事取實錄。有證者既標，則無源者自顯。庶行潦無雜於醇乳，燕石不亂于荊玉。但井識管窺，多慚博練。如有未備，**請寄明哲**。

陳文帝〈贈諡南康王曇朗詔〉〔註100〕

夫追遠慎終，抑聞前誥。南康王曇朗，**明哲懋親**，蕃維是屬，入質北齊，用紓時難，皇運兆興，未獲旋反，永言踐予，日夜不忘，齊使始至，凶問奄及，追懷痛悼，兼倍常情，宜隆寵數，以光恒序。

可贈侍中、安東將軍、開府儀同三司、南徐州刺史，諡曰忠。

以上各篇引用：「王宅憂，亮陰三祀。既免喪，其惟弗言，群臣咸諫於王曰："嗚呼！知之曰**明哲**，**明哲**實作則。"」

〔註97〕慧琳，未詳。嚴可均案：宋元嘉中有釋慧林姓劉，徙交州卒。此誄云建武四年，別是一人也。

〔註98〕嚴可均校輯《全上古三代秦漢三國六朝文》（北京市：中華書局，1958），頁2939～2940。

〔註99〕僧祐（445～518），俗姓俞氏。原籍是彭城下邳，生於江南建業（今南京），一說生於建康。

〔註100〕嚴可均校輯《全上古三代秦漢三國六朝文》（北京市：中華書局，1958），頁3409。

梁武帝〈敕責賀琛〉〔註101〕

　　謇謇有聞，殊稱所期。但朕有天下，四十餘年，公車讜言，見聞聽
　　覽，所陳之事，與卿不異，常欲承用，無替懷抱，每苦悾愡，更增
　　昏惑。卿珥貂紆組，博物洽聞，不宜同於□茸，止取名字，宣之行
　　路，言我能上事，明言得失，恨朝廷之不能用。或誦離騷，蕩蕩其
　　無人，遂不禦乎千里。或誦老子，知我者希，則我貴矣。如是獻替，
　　莫不能言，正旦虎樽，皆其人也。卿可分別言事，**啓乃心，沃朕心，**
　　卿云，今北邊稽服，政是生聚教訓之時，而民失安居，牧守之過。

此篇引用〈說命上〉：「命之曰：朝夕納誨，以輔台德。若金，用汝作礪；若
濟巨川，用汝作舟楫；若歲大旱，用汝作霖雨。**啓乃心，沃朕心，**若藥弗瞑
眩，厥疾弗瘳；若跣弗視地，厥足用傷。惟暨乃僚，罔不同心，以匡乃辟。
俾率先王，迪我高後，以康兆民。嗚呼！欽予時命，其惟有終。」

〔註101〕嚴可均校輯《全上古三代秦漢三國六朝文》（北京市：中華書局，1958），頁
　　　　2970。

第四章　南朝散文引用《古文尚書》《周書》之研究

　　《周書》經歷代學者考訂，其中〈泰誓上〉、〈泰誓中〉、〈泰誓下〉、〈武成〉、〈旅獒〉、〈微子之命〉、〈蔡仲之命〉、〈周官〉、〈君陳〉、〈畢命〉、〈君牙〉、〈冏命〉等十二篇，爲魏晉時人所僞造。南朝散文中有引用的有〈泰誓〉、〈武成〉、〈微子之命〉、〈蔡仲之命〉、〈周官〉、〈君陳〉、〈君牙〉。因篇幅甚多，分爲兩節討論。

第一節　引用〈周書〉之研究（上）

一、〈泰誓〉

　　《書序》：「惟十有一年，武王伐殷。一月戊午，師渡孟津，作《泰誓》三篇。」此篇是講武王攻打紂王時的誓詞。

文句的引用：

沮渠蒙遜〔註1〕〈又下書大赦〉〔註2〕

　　傾自春大旱，害及時苗，碧原青野，倏爲枯壤。將刑政失中，下有

〔註1〕沮渠蒙遜（368年～433年），張掖臨松盧水胡人，爲匈奴族人，十六國時期北涼君主。401年～433年在位。元嘉十年卒，諡曰武宣王。

〔註2〕嚴可均校輯《全上古三代秦漢三國六朝文》（北京市：中華書局，1958），頁2765。

冤獄乎？役賦繁重，上天所譴乎？內省多缺，孤之罪也。**《書》不云乎：「百姓有過，罪予一人。」**可大赦境內殊死已下。

本篇是引用〈泰誓上〉：「天視自我民視，天聽自我民聽。**百姓有過，在予一人**，今朕必往。我武維揚，侵於之疆，取彼凶殘。我伐用張，於湯有光。

陳武帝〈受禪大赦詔〉〔註3〕

五德更運，帝王所以禦天，三正相因，夏殷所以宰世，雖色分辭翰，時異文質，揖讓征伐，迭用參差，而育德振民，義歸一揆。朕以寡昧，時屬艱危，國步屢屯，天維三絕，肆勤先後，拯厥橫流，藉將帥之功，兼猛士之力，一匡天下，再造黔黎，梁氏以天祿永終，歷數攸在，遵與能之典，集大命於朕躬，顧惟匪德，辭不獲亮，式從天眷，俯協民心，受終文祖（舜典），升禋上帝，繼跡百王，君臨萬宇，若涉川水，罔知攸濟（大誥），寶業初建，皇祚維新，思俾惠澤，**覃被億兆**，可大赦天下，改梁太平二年為永定元年，賜民爵二級，文武二等，鰥寡孤獨不能自存者，人穀五斛，逋租宿債，皆勿複收，其有犯鄉里清議贓汙淫盜者，皆洗除先注，與之更始，長徒敕系，特皆原之，亡官失爵，禁錮奪勞，一依舊典。

陳武帝〈親祠南郊赦詔〉〔註4〕

朕受命君臨，初移星琯，孟陬嘉月，備禮泰壇，景候昭華，人祈允慶，**思令億兆**，咸與惟新。且往代祅氛，於今猶梗，軍機未息，徵賦咸繁，事不獲已，久知下弊，言念黔黎，無忘寢食。夫罪無輕重，已發覺未發覺，在今昧爽以前，皆赦除之。西寇自王琳以下，並許返迷，一無所問。近所募義軍，本擬西寇，並宜解遣，留家附業挽訂軍資未送者並停，元年軍糧逋餘者原其半，州郡縣軍戍，並不得輒遣，使民間務存優養，若有侵擾，嚴為法制。

以上篇章的「億兆」是引用〈泰誓中〉：「受有**億兆**夷人，**離心離德**。予有亂臣十人，同心同德。雖有周親，不如仁人。」

王融〔註5〕〈畫漢武北伐圖上疏〉

〔註3〕嚴可均校輯《全上古三代秦漢三國六朝文》（北京市：中華書局，1958），頁3404。

〔註4〕嚴可均校輯《全上古三代秦漢三國六朝文》（北京市：中華書局，1958），頁3405。

〔註5〕王融（467年～493年），字元長，原籍琅邪臨沂（今屬山東）人。中書令王

昔桓公志在伐莒，郭牙審其幽趣，魏後心存去漢，德祖究其深言。
臣愚昧，忖誠不足以知微，然伏揆聖心，規模弘遠，既圖載其事，
必克就其功。臣不勝歡喜。

江淹〔註6〕〈齊太祖高皇帝誄〉〔註7〕

朝野傾儀，咸歸上德。實賴至公，瀉家提國。懷險實泰，**襄危必克**。
機□朝旦，功定曛黑。妙物更配，具章重則。深居攝外，遙棲綿默。
高秩方臻，元禮有序。王曰念哉，輝寵是與。職襃宮卜，任卷文武。
飾華麗貂，榮金疊組。宏猷溢俗，曾芬冠古。憬彼朱方，亦惟宗秩。
陰圖食昴，潛謀貫日。征輪未誓，偏旗禦律。原燎既寂，世囂伊謐。
爰崇爰貴，以望以實。雁縣告靜，象郡無虞。杳郁遠域，清麗瓊都。
國填氓負，朝委事虛。實翳哲相，岳曜神居。功美既損，道富去益。

上面各篇是引用〈泰誓中〉：「。厥監惟不遠，在彼夏王。天其以予乂民，朕
夢協朕卜，襲於休祥，**戎商必克**。」

王弘〔註8〕〈奏彈謝靈運〉〔註9〕

臣聞閑厥有家，垂訓《大易》，**作威專戮，致誡《周書》**。斯典或違，
刑茲無赦。世子左衛率康樂縣公謝靈運，力人桂興淫其嬖妾，殺興
江矣，棄屍洪流。事發京畿，播聞遐邇。宜加重勣，肅正朝風。案
世子左衛率康樂縣公謝靈運，過蒙恩獎，頻叨榮授，聞禮知禁，爲
日已久。而不能防閑閨闈，致茲紛穢，罔顧憲軌，忿殺自由。此而
勿治，典刑將替。請以事見免靈運所居官，上臺削爵士，收付大理
治罪。禦史中丞都亭侯王准之，顯居要任，邦之司直，風聲噂遝，
曾不彈舉。若知而弗糾，則情法斯撓；如其不知，則屍昧已甚。豈
可複預班清階，式是國憲。請免所居官，以侯還散輩中。內台舊體，
不得用風聲舉彈，此事彰赫，曝之朝野，執憲蔑聞，群司循舊，國
典既頹，所虧者重。臣弘忝承人乏，位副朝端，若複謹守常科，則

僧達之孫，王儉從姪。

〔註6〕江淹（444年～505年），字文通。祖籍濟陽考城。年少時即因文章而聲名顯
　　著，但是晚年作品卻大不如以前，「江郎才盡」至今傳爲文壇掌故。

〔註7〕嚴可均校輯《全上古三代秦漢三國六朝文》（北京市：中華書局，1958），頁
　　3175。

〔註8〕王弘（？～432年）字休元，琅邪臨沂人。元嘉九年卒，官至太保。諡文昭。

〔註9〕嚴可均校輯《全上古三代秦漢三國六朝文》（北京市：中華書局，1958），頁
　　2531。

終莫之糾正。所以不敢拱默，自同秉彝。違舊之愆，伏須准裁。

梁武帝〈徙臨賀王正德詔〉〔註10〕

　　汝以猶子，情兼常愛，故越先汝兄，剖符連郡，往年在蜀，昵近小
　　人，猶謂少年，情志未定，更於吳郡，**殺戮無辜**，劫盜財物，雅然
　　無畏，及還京師，專為逋逃，乃至江乘要道，湖頭斷路，遂使京邑
　　士女，早閉晏開。又奪人妻妾，略人子女，徐教非直失其配匹，乃
　　橫屍道路，王伯敖列卿之女，誘為妾媵。我每加掩抑，冀汝自新，
　　了無悛革，怨讟逾甚，遂匹馬奔亡，志懷反噬，遣信慰問，冀汝能
　　還，果能來歸，遂我夙志。謂汝不好文史，志在武功，令汝杖節，
　　董戎前驅，豈謂汝狼心不改，包藏禍胎，志欲覆敗國計，以快汝心。
　　今當宥汝以遠，無令房累自隨，敕所在給汝稟餼，王新婦見理等當
　　停太尉間，汝餘房累，悉許同行。

徐陵〈諫仁山深法師罷道書〉〔註11〕

　　……門前擾擾，我且安眠，巷裏云云，餘無驚色，家休小大之調，
　　門停強弱之丁，入出隨心，往還自在，其利五也。出家無當之僧，
　　猶勝在俗之士，假使**心存殺戮**，手無斷命之愆，密裏通情，決勝灼
　　然矯俗，如斯煩垢，萬倍勝於白衣，一入愛河，永沈無出，其利六
　　也。……

以上是引用〈泰誓下〉：斫朝涉之脛，剖賢人之心，**作威殺戮**，毒痛四海。崇
信奸回，放黜師保，屏棄典刑，囚奴正士，郊社不修，宗廟不享，作奇技淫
巧以悅婦人。

二、〈武成〉

宋明帝〈搜括隱逸詔〉〔註12〕

　　夫箕、穎之操，振古所貴，沖素之風，哲王攸重。朕屬橫流之會，
　　接難晦之辰，龕暴翦亂，日不暇給。今雖關隴猶靄，區縣澄氛，偃

〔註10〕嚴可均校輯《全上古三代秦漢三國六朝文》（北京市：中華書局，1958），頁
　　　　2964。
〔註11〕嚴可均校輯《全上古三代秦漢三國六朝文》（北京市：中華書局，1958），頁
　　　　3455～3456。
〔註12〕嚴可均校輯《全上古三代秦漢三國六朝文》（北京市：中華書局，1958），頁
　　　　2482。

武修文，於是乎在。思崇廉恥，用靜馳薄，固已物色載懷，寢興佇歎。其有貞棲隱約，息事衡樊，鑿壞遺榮，負鈞辭聘，志恬江海，行高塵俗者，在所精加搜括，時以名聞。將賁園矜德，茂昭厥禮。群司各舉所知，以時授爵。

王韶之〈璽書禪位〉〔註13〕

惟王聖德欽明，則天光大，應期誕載，明保王室。內紓國難，外播宏略。誅大憝於漢陽，逋僭盜於沂渚，澄氛西岷，肅清南越，再靜江、湘，拓定樊、沔。若乃永懷區宇，思一聲教，王師首路，則伊、洛澄流，棱威崤、潼，則華嶽襃醽，偽酋銜璧，咸陽即序。雖彝器所銘，《詩》、《書》所詠，庸勳之盛，莫之與二也。**遂偃武修文**，誕敷德政，八統以馭萬民，九職以刑邦國，思兼三王，以施四事。故能信著幽顯，義感殊方。自曆世所賓，舟車所暨，靡不謳歌仁德，忭舞來庭。

王儉〈再命璽書〉〔註14〕

諸夏廓清，戎翟思雟，**興文偃武**，闡揚洪烈。明保沖昧，翱翔禮樂之場，撫柔黔首，咸躋仁壽之域。自霜露所墜，星辰所經，正朔不通，人跡罕至者，莫不逾山越海，北面稱蕃，款關重譯，修其職貢。是以禎祥發采，左史載其奇，玄象垂文，保章審其度，鳳書表肆類之運，龍圖顯班瑞之期。重以珠衡日角，神姿特挺，君人之義，在事必彰。

王儉〈高帝哀策文〉〔註15〕

降階執禮，泣血纏心，感容台之罷禦，哀恭館之不臨。仰神儀而邈絕，視區物而淒陰。俾茲良史，敬修舊則。敢圖鴻規，式揚至德。其辭曰：天鏡既穆，地維既肅。遐邇壹體，表裏衤是福。乃眷斯民，昧旦杼軸。**興文偃武**，纘禹舊服。所尚惟簡，所寶惟賢。居尊彌約，無善不延。膠庠載緝，風軌克宣。上洞清儀，下達玄泉。聽覽閑日，

〔註13〕嚴可均校輯《全上古三代秦漢三國六朝文》（北京市：中華書局，1958），頁2534。

〔註14〕嚴可均校輯《全上古三代秦漢三國六朝文》（北京市：中華書局，1958），頁2842。

〔註15〕嚴可均校輯《全上古三代秦漢三國六朝文》（北京市：中華書局，1958），頁2851。

應物餘景。怡慮以文，棲心以靜。鴻章晨瑛，徽言夕永。跡庇區服，
情深箕潁。萬宇燮和，百神受職。

簡文帝〔註16〕〈馬寶頌〉〔註17〕（並序）

方當夙沙自歸，滑橋屈膝，款關入塞，**偃武修文**，去病無出師之勞，
充國罷議邊之略，五律成珍，九河如鏡。臣謹按瑞應經、彌勒成佛
經、中阿含經、覽愚經，並稱第三之馬者三千歲。華子云，堯漢皆
得馬者，堯漢皆火德，正鬥南方，乘德而至也。

簡文帝〈菩提樹頌〉〔註18〕（並序）

竊以因緣假有，眾生之滯根；法本不然，至人之妙理。是以三界六
趣，繞業障而自迷；八解十智，導歸宗而虛豁。是以能仁大師，隨
緣佈道。滑焰宅之既焚，傷欲流之永驚；托白淨之宮，照黃金之色。
居茲三惑，示畫籠之非真；出彼四門，驚浮雲之易滅。於是佛日啓，
法雷震，設漸教，降權跡，三寶現世，一道知歸，大接群蒼，救茲
未度。法雨法水之潤，等世界於無邊；智燈智炬之光，同盧空於莫
限。物因難量，化緣將息；林開白樹，日映青枝。悲哉六識，沈淪
八苦，不有大聖，誰拯慧橋。皇帝體乾元之睿德，合天地之純誠，
照玉鏡之神，握太平之運，吞虞孕夏，罩漢籠周，禦六氣而子蒼生，
扇二儀而布亭毒，緯樂經禮，**偃武修文**。秋荼不設，廢九律之嚴科；
春雨愛生，解三驅之密網。

蕭子雲〔註19〕〈答敕改撰郊廟樂辭〉〔註20〕

殷薦朝饗，樂以雅名，理應正采《五經》，聖人成教。而漢來此制，
不全用經典；約之所撰，彌複淺雜。臣前所易約十曲，惟知牲牷既

〔註16〕梁簡文帝蕭綱（503～551年），字世纘，小字六通，南蘭陵中都裡）人。梁
武帝蕭衍第三子，昭明太子蕭統的同母弟。侯景之亂中被迫登位，在位二年，
被弒。梁元帝蕭繹即位後，追諡為簡文皇帝，廟號太宗。

〔註17〕嚴可均校輯《全上古三代秦漢三國六朝文》（北京市：中華書局，1958），頁
3020。

〔註18〕嚴可均校輯《全上古三代秦漢三國六朝文》（北京市：中華書局，1958），頁
3024。

〔註19〕蕭子雲（487～549），字景齊，南蘭陵人。太清三年（549年）三月，台城失
守，蕭子雲東奔晉陵，卒於顯靈寺，時年62歲。蕭子雲著有《晉書》（已佚）。

〔註20〕嚴可均校輯《全上古三代秦漢三國六朝文》（北京市：中華書局，1958），頁
3089。

革，宜改歌辭，而猶承例，不嫌流俗乖體。既奉令旨，始得發蒙。臣夙本庸滯，昭然忽朗，謹依成旨，悉改約制。惟用《五經》爲本，其次《爾雅》、《周易》、《尚書》、《大戴禮》，即是經誥之流，愚意亦取兼用。臣又尋唐、虞諸書，殷《頌》周《雅》，稱美是一，而複各述時事。大椻革服，**偃武修文**，制禮作樂，義高三正。

以上各篇引用：「厥四月，哉生明，王來自商，至於豐。乃**偃武修文**，歸馬於華山之陽，放牛於桃林之野，示天下弗服。」

任孝恭〔註21〕〈爲汝南王檄魏文〉〔註22〕

夫大盜移國，終繼梟獍之誅；凶狡憑陵，必致殲夷之戮。所以董卓稱亂，徒藉群雄之手；王莽偷安，卒成光武之業。故市耀臍燈，府傳飲器。我有魏今臨一境，蔔世相承，保　黔黎，事逾年祀。爾朱榮胡貊遺種，邊塞是居，奸究妄才，凶愚丑類，茹備餐腥，本非人品，依隨水草，取類馬牛，而包藏禍圖，竊懷反噬。遂長驅種落，用襲我周南，率彼獸豪；侵陵我河縣，所以流離播越，亙淹星紀，仰慕園陵，俯傷黎庶。遂得式仰唐朝，宣奉舜闕。梁大皇帝功逾五帝，道邁三王，負扆當軒，平章百姓，**垂拱而治**，協和萬邦。今遣同州刺史范遵等，董率前鋒，揚旌致討，先取滑台，鼓行金谷，關東英俊，河北雄才。痛桑梓淪蕪，室家顛殞；飲氣吞聲，志申讎怨。士各懷歸，民思父母。表裏符契，神靈響集。王者之師，有征無戰。鋒刃所裁，幸勿罹梁。

此篇引用：「列爵惟五，分土惟三。建官惟賢，位事惟能。重民五教，惟食、喪、祭。惇信明義，崇德報功。**垂拱而天下治**。」

三、〈微子之命〉

陸倕〈新刻漏銘〉〔註23〕（並序）

天監六年太歲丁亥十月丁亥朔十六日壬寅，漏成進禦，以考辰正晷，

〔註21〕 任孝恭（？～548），臨淮人，爲奉朝請，進司文侍郎兼中書通事舍人，太清二年死侯景之難，

〔註22〕 嚴可均校輯《全上古三代秦漢三國六朝文》（北京市：中華書局，1958），頁3350。

〔註23〕 嚴可均校輯《全上古三代秦漢三國六朝文》（北京市：中華書局，1958），頁3258。

測表候陰，不謬圭撮，無乖黍累，又可以校運算之暌合，辯分天之
邪正，察四氣之盈虛，課六曆之疏密，**永世貽則，傳之無窮**，赫矣
煥乎，無得而稱也。昔嘉量微物，盤盂小器，猶其昭德記功，載在
銘典；況入神之制，與造化合符，成物之能，與坤元等契，勳倍楹
席，事百巾機，寧可使多謝曾水，有陋昆吾，金字不傳，銀事未勒
者哉？

本篇引用：「王若曰：」猷！殷王元子。惟稽古，崇德象賢。統承先王，修其
禮物，作賓於王家，與國咸休，**永世無窮**。』」

王韶之〈璽書禪位〉〔註24〕

惟王聖德欽明，則天光大，應期誕載，**明保王室**。內紓國難，外播
宏略。誅大憨於漢陽，逋僭盜於沂渚，澄氛西岷，肅清南越，再靜
江、湘，拓定樊、沔。若乃永懷區宇，思一聲教，王師首路，則伊、
洛澄流，棱威崤、潼，則華嶽襄蕩，偪酉銜璧，咸陽即序。雖彝器
所銘，《詩》、《書》所詠，庸勳之盛，莫之與二也。遂偃武修文，誕
敷德政，八統以馭萬民，九職以刑邦國，思兼三王，以施四事。故
能信著幽顯，義感殊方。自曆世所賓，舟車所曁，靡不謳歌仁德，
忭舞來庭。

任昉〈梁武帝初封諸功臣詔〉〔註25〕

草昧權輿，事深締構，康俗成務，義在庇民，自非群才並軌，文武
宣翼，將何以啟茲景祚，弘此帝圖？或運籌帷帳，經啟王業，或攻
城略野，殉移忘生，或腹心爪牙，折沖禦侮，忠勤茂德，夷險一致，
並宜建國開宇，**藩屏王室**，山河之誓，永永無窮。

以上各篇引用：「欽哉，往敷乃訓，慎乃服命，率由典常，**以蕃王室**。」

此外在〈蔡仲之命〉中也有：「懋乃攸績，睦乃四鄰，以蕃王室，以和兄
弟，康濟小民。」

典故的引用：

王儉〈太宰褚彥回碑文〉〔註26〕

〔註24〕嚴可均校輯《全上古三代秦漢三國六朝文》（北京市：中華書局，1958），頁
2534。

〔註25〕嚴可均校輯《全上古三代秦漢三國六朝文》（北京市：中華書局，1958），頁
3188。

夫太上有立德，其次有立功，此之謂不朽。所以子產云亡，宣尼泣
其遺愛；隨武既沒，趙文懷其餘風，於文簡公見之矣。公諱淵，字
彥回，河南陽翟人也。**微子以至仁開基**，宋段以功高命氏。爰逮兩
漢，儒雅繼及。魏晉以降，奕世重暉。乃祖太傅元穆公，德合當時，
行比州壤，深識臧否，不以毀譽形言，亮采王室，每懷沖虛之道，
可謂婉而成章，志而晦者矣。自茲厥後，無替前規，建官惟賢，軒
冕相襲。

此篇包含了〈微子之命〉的大意，是以分類為典故的引用。

四、〈蔡仲之命〉

王儉〈策命齊王〉〔註27〕

惟王聖哲淵明，榮鏡宇宙，體望日之威，資就雲之澤，臨下以簡，
禦眾以寬，仁育群生，義征不惠，國塗薦阻，弘五慮而鳩寧，皇緒
將湮，秉六術以匡濟。及至權臣內侮，蕃屏陵上，兵革雲翔，萬邦
震駭，裁之以武風，綏之以文化，遐邇清夷，表裏肅穆。戢琱戈而
事繡黻，委旌門而恭儒館，聲化遠洎，荒服無塵，殊類同規，華戎
一揆。是以五光來儀於軒庭，九穗含芳於郊牧。象緯昭澈，布新之
符已顯，圖讖彪炳，受終之義既彰。靈祇乃眷，兆民引領。朕聞至
道深微，惟人是弘，**天命無常，惟德是與。**所以仰鑒玄情，俯察群
望，敬禪神器，授帝位於爾躬。四海困窮，天祿永終。於戲！王其
允執厥中，儀刑前式，以副率土之欣望。命司裘而謁蒼昊，奏《雲
門》而升圓丘，時膺大禮，永保洪業，豈不盛歟！

王儉〈再命璽書〉〔註28〕

諸夏廓清，戎翟思皇，興文偃武，闡揚洪烈。明保沖昧，翱翔禮樂
之場，撫柔黔首，咸躋仁壽之域。自霜露所墜，星辰所經，正朔不
通，人跡罕至者，莫不逾山越海，北面稱蕃，款關重譯，修其職貢。

〔註26〕嚴可均校輯《全上古三代秦漢三國六朝文》（北京市：中華書局，1958），頁
2851。
〔註27〕嚴可均校輯《全上古三代秦漢三國六朝文》（北京市：中華書局，1958），頁
2842。
〔註28〕嚴可均校輯《全上古三代秦漢三國六朝文》（北京市：中華書局，1958），頁
2842。

是以禎祥發采，左史載其奇，玄象垂文，保章審其度，鳳書表肆類之運，龍圖顯班瑞之期。重以珠衡日角，神姿特挺，君人之義，在事必彰。**《書》不云乎：「皇天無親，惟德是輔。民心無常，惟惠之懷。」** 神祇之眷如彼，蒼生之願如此。笙管變聲，鍾石改調。朕所以擁璿持衡，傾佇明哲。

何之元〔註29〕〈梁典總論〉〔註30〕

夫創天下者，至明者也，喪天下者，至暗者也，是以禹湯興其功，桀紂廢其業，莫不得之者前主，失之者後君，逮茲梁室，有異于此，何則，高祖撥亂除殘，反身招於禍亂，世祖複讎雪恥，翻手命於寇讎，敬皇繼祀而鼎移，後嗣紹基而祚徙，**書曰：「皇天無親，惟德是輔」。** 自天所　，歸於有德。之元官自有梁，備觀成敗，昔因出軸，流寓齊都，窮愁著書，竊慕虞子，但梁室極促，簡牘多闕，所得遺逸，略不盡舉，未獲旋反，更窮搜訪，采其聞見，撮其眾家，一代之事，可得觀矣。

以上各篇引用：率乃祖文王之遺訓，無若爾考之違王命。**皇天無親，惟德是輔。民心無常，惟惠之懷。** 爲善不同，同歸於治；

典故的引用：

范泰〔註31〕〈因旱蝗上表〉〔註32〕

婦人有三從之義，而無自專之道：**《周書》**，父子兄弟，罪不相及，女人被宥，由來上矣。謝晦婦女，猶在尚方，始貴後賤，物情之所甚苦，匹婦一室，亦能有所感激。臣於謝氏，不容有情，蒙國重恩，寢處思報，伏度聖心，已當有在。禮，春夏教詩，無一而闕也。臣近侍坐，聞立學當在入年。陛下經略粗建，意存民食，入年則農功興，農功興則田裏辟，入秋治庠序，入冬集遠生，二途並行，事不

〔註29〕 何之元〔？～593〕字不詳，盧江潛人。著有《梁典》三十卷。
〔註30〕 嚴可均校輯《全上古三代秦漢三國六朝文》（北京市：中華書局，1958），頁3429。
〔註31〕 范泰（355～428）南朝宋大臣、學者。字伯倫，順陽山陰（今湖北光化西北）人。生於晉穆帝永和十一年，卒于宋文帝元嘉五年，年七十四歲。爲范曄之父。
〔註32〕 嚴可均校輯《全上古三代秦漢三國六朝文》（北京市：中華書局，1958），頁2515。

相害。夫事多以淹稽爲戒，不遠爲患，任臣學官，竟無微績，徒墜
天施，無情自處。臣之區區，不望目睹盛化，竊慕子囊城郢之心，
庶免苟偃不暝之恨。臣比陳愚見，便是都無可采，徒煩天聽，愧怍
反側。

此處《周書》當是《古文尚書・周書・蔡仲之命》的省稱。此篇內容蔡叔犯
了內亂罪，在幽禁之後死於幽禁之處，於是周王命令蔡仲接續他父親的爵位，
繼續治理人民，管理政事。此處運用了這個典故，說明父親犯法，與家族無
關，罪只及於一身。

第二節　引用〈周書〉之研究（下）

一、〈周官〉

宋孝武帝〔註33〕〈又詔〉〔註34〕

賞慶刑威，奄國彝軌；黜幽升明，宇恒憲。故采言聆風，式觀侈質，
貶爵加地，於是乎在。今類帝宜社，親巡江甸，因覲嶽守，躬求民
瘼。思弘明試之典，以申考績之義。行幸所經，蒞民之職，功宣於
聽，即加甄賞。若廢務亂民，隨愆議罰。主者詳察以聞。

齊武帝〔註35〕〈考課詔〉〔註36〕

守宰親民之要，刺史案部所先，宜嚴課農桑，相土揆時，必窮地利。
若耕蠶殊眾，足屬浮墮者，所在即便列奏。其違方驕矜，佚事妨農，
亦以名聞。將明賞罰，以勸勤怠。校核殿最，歲竟考課，**以申黜陟**。

崔祖思〔註37〕〈陳政事啓〉〔註38〕

〔註33〕宋世祖孝武皇帝劉駿（430年～464年），字休龍，小字道民，改元二：孝建、
　　　大明。在位十一年，諡曰孝武皇帝，廟號世祖。
〔註34〕嚴可均校輯《全上古三代秦漢三國六朝文》（北京市：中華書局，1958），頁
　　　2474。
〔註35〕齊武帝蕭賾（440年～493年），字宣遠，齊高帝蕭道成長子，母劉智容。南
　　　朝齊第二任皇帝，病死時54歲，葬景安陵。年號永明。
〔註36〕嚴可均校輯《全上古三代秦漢三國六朝文》（北京市：中華書局，1958），頁
　　　2804。
〔註37〕崔祖思（？～486），字敬元，清河東武城人，崔琰七世孫也。永明元年（483），
　　　爲太子左率，累至征虜將軍、冠軍司馬、汝陰太守。四年，卒。贈後將軍、
　　　徐州刺史。諡襄子。

《禮》、《誥》者，人倫之襟冕，帝王之樞柄。自古開物成務，必以教學爲先。世不習學，民忘志義，悖競因斯而興，禍亂是焉而作。故篤俗昌澡，莫先道教，不得以夷禍革慮，儉泰移業。今無員之官，空受祿力。**三載無考績之效，九年闕登黜之序……**

王顗〔註39〕〈上父珪之齊職儀啓〉〔註40〕

臣亡父故長水校尉珪之，籍素爲基，依儒習性。以宋元徽二年，被敕使纂集古設官歷代分職。凡在墳策，必盡詳究。是以等級掌司，咸加編錄。**黜陟遷補**，悉該研記。述章服之差，兼冠佩之飾。屬值啓運，軌度惟新。故太宰臣淵奉宣敕旨，使速洗正。刊定未畢，臣私門凶禍。不揆庸微，謹冒啓上，凡五十卷，謂之《齊職儀》。仰希永升天閣，長銘秘府。

梁武帝〈敕責賀琛〉〔註41〕

謇謇有聞，殊稱所期。但朕有天下，四十餘年，公車讜言，見聞聽覽，所陳之事，與卿不異，常欲承用，無替懷抱，每苦倥偬，更增昏惑。卿珥貂紆組，博物洽聞，不宜同於茸，止取名字，宣之行路，言我能上事，明言得失，恨朝廷之不能用。或誦離騷，蕩蕩其無人，遂不禦乎千里。或誦老子，知我者希，則我貴矣。如是獻替，莫不能言，正旦虎樽，皆其人也。卿可分別言事，啓乃心，沃朕心。卿云，今北邊稽服，政是生聚教訓之時，而民失安居，牧守之過。朕無則哲之知，觸向多弊，四聰不開，四明不達，內省責躬，無處逃咎，堯爲聖主，四凶在朝，況乎朕也。能無惡人？但大澤之中，有龍有蛇，縱不盡善，不容皆惡。卿可分別顯出，某刺史橫暴，某太守貪殘，某官長凶虐，尚書蘭台主書舍人，某人奸猾，某人取與。明言其事，**得以黜陟**。

梁元帝〔註42〕〈馳檄告四方〉〔註43〕

〔註38〕嚴可均校輯《全上古三代秦漢三國六朝文》（北京市：中華書局，1958），頁2912〜2913。

〔註39〕王珪之的兒子。永明中爲中軍參軍。

〔註40〕嚴可均校輯《全上古三代秦漢三國六朝文》（北京市：中華書局，1958），頁2834。

〔註41〕嚴可均校輯《全上古三代秦漢三國六朝文》（北京市：中華書局，1958），頁2970。

〔註42〕梁元帝蕭繹（508年〜554年），字世誠，梁武帝蕭衍第七子。

……有能縛侯景及送首者，封萬戶開國公，絹布五萬匹。有能率動義眾，以應官軍，保全城邑，不為賊用，上賞方伯，下賞剖符，並裂山河，以紆青紫。昔由余入秦，禮同卿佐；日磾降漢，且珥金貂。必有其才，何恤無位。若執迷不反，拒逆王師，大軍一臨，刑茲罔赦。孟諸焚燎，芝艾俱盡；宣房河決，玉石同沈。信賞之料，有如皎日：**黜陟之制**，事均白水。檄布遠近，咸使知聞。

陳宣帝〈令內外舉賢極諫詔〉〔註44〕

舉善從諫，在上之明規，進賢謁言，為臣之令範。朕以寡德，嗣守寶圖，雖世襲隆平，治非寧一，辨方分職，旰食早衣，傍闕爭臣，下無貢士，何其爾，鮮能抗直，豈餘獨運，匪薦讜言。置鼓公車，罕論得失，施石象魏，莫陳可否，朱雲攆檻，良所不逢，禽息觸楹，又為難值。至如衣褐以見，擔簦以遊，或耆艾絕倫，或妙年異等，幹時而不偶，左右莫之譽，黑貂改弊，黃金且殫，終身滯淹，可為太息。又貴為百辟，賤有十品，工拙並驚，勸沮莫分，街謠徒擁，廷議斯闕，實朕之弗明，而時無獻替，永言至治，何乃爽歟。外可通示文武，凡厥在位，風化乖殊，朝政紕蠹，正色直辭，有犯無隱，兼各舉所知，隨才明試。其蒞政廉穢，在職能否，分別矢言，**俟茲黜陟。**

何之元〈梁典總論〉〔註45〕

曆究前書，詳觀往行，昭晰千載，氛氳萬古，考其寬猛，知布政之善惡，**驗其黜陟**，識其主之是非，以曩求今，工拙可見。齊季昏虐，政由群小……

以上各條皆引用《古文尚書・周官》：「司空掌邦土，居四民，時地利。六卿分職，各率其屬，以倡九牧，阜成兆民。六年，五服一朝。又六年，王乃時巡，考制度於四岳。諸侯各朝於方岳，**大明黜陟。**」

〔註43〕嚴可均校輯《全上古三代秦漢三國六朝文》（北京市：中華書局，1958），頁3043。

〔註44〕嚴可均校輯《全上古三代秦漢三國六朝文》（北京市：中華書局，1958），頁3415。

〔註45〕嚴可均校輯《全上古三代秦漢三國六朝文》（北京市：中華書局，1958），頁3429。

二、〈君陳〉

宋明帝〈求賢才詔〉

夫秉機詢政，立教之攸本，舉賢聘逸，弘化之所基。故負鼎進策，殷代以康。釋釣作輔，周祚斯義。朕甫承大業，訓道示敷，雖側席忠規，佇夢岩築，而良圖莫薦，奇士弗聞，永鑒通古，無忘宵寐。今藩隅克晏，敷化維始，屢懷存治，實望箴闕。王公卿尹，群僚庶官，**其有嘉謀直獻**，匡俗濟時，咸切事陳奏，無或依隱。若乃林澤貞棲，丘園耿潔，博洽古今，敦崇孝讓，四方在任，可明書搜揚，具即以聞，隨就褒立。

范泰〈諫改錢法〉〔註46〕

今之所憂，在農民尚寡，倉廩未充，轉運無已，資食者眾，家無私積，難以禦荒耳。夫貨存留易，不在少多，昔日之貴，今者之賤，彼此共之，其揆一也。但令官民均通，則無患不足，若使必資貨廣，以收國用者，則龜貝之屬，自古所行。尋銅之為器，在用也博矣。鍾律所通者遠，機衡所揆者大。夏鼎負《圖》，實冠眾瑞，晉鐸呈象，亦啓休征。器有要用，則貴賤同資；物有適宜，則家國共急。今毀必資之器，而為無施之錢，於貨則功不補勞，在用則君民俱困，校之以實，損多益少。陛下勞謙終日，無倦庶務，以身率物，勤素成風，而頌聲不作，版、渭不至者，良由基根未固，意在遠略。伏願思可久之道，賒欲速之情，弘山海之納，擇芻牧之說，**則嘉謀日陳**，聖慮可廣。其亡存心，然後苞桑可系。愚誠一至，用忘寢食。

齊高帝〈詔朝臣〉〔註47〕

民之大紀，國之治端。自頃氓俗巧偽，為日已久，至乃竊注爵位，盜易年月，增損三狀，貿襲萬端。或戶存而文書已絕，或人在而反手工死叛，停私而云隸役，身強而稱六疾。編戶齊家，少不如此。皆政之臣蠹，教之深疵。比年雖卻籍改書，終無得實。若約之以刑，則民偽已遠；若綏之以德，則勝殘未易。卿諸賢並深明治體，**可各**

〔註46〕嚴可均校輯《全上古三代秦漢三國六朝文》（北京市：中華書局，1958），頁2514。

〔註47〕嚴可均校輯《全上古三代秦漢三國六朝文》（北京市：中華書局，1958），頁2795。

　　獻嘉謀，以振澆化。又台坊訪募，此制不近，優刻素定，閑劇有常。
宋元嘉以前，茲役恒滿，大明以後，樂補稍絕。或緣寇難頻起，軍
蔭易多，民庶從利，投坊者寡。然國經未變，朝紀恒存，相揆而言，
隆替何速。此急病之洪源，晷景之切患，以何科算，革斯弊邪？

此皆引用：「爾有**嘉謀嘉猷**，則入告爾後於內，爾乃順之於外，曰：斯謀斯猷，
惟我後之德。」

梁元帝〈黃門侍郎劉孝綽墓誌銘〉〔註48〕

　　蔡墨攸陳，有草有茵；梁荊世貴，或魏或秦。積善餘慶，時推俊民。
孝乎惟孝，其德有鄰。曰風曰雅，文章動神。鶴開阮瑀，鵬舂楊循。
身茲惟屈，撫搖未申。人罔石火，山有楸椿。佳城無曙，寒野方春。

裴子野〔註49〕〈又明帝誅諸弟論〉〔註50〕

　　夫噬虎之獸，知愛己子，搏狸之鳥，非護異巢。太宗保字螟蛉，剿
拉同氣，既迷在原之天屬，未識父子之自然，宋德告終，非天廢也。
夫危亡之君，未嘗不先棄本枝，嫗煦旁孽，推誠嬖狎，疾惡父兄，
前乘覆車，後來並轡。獵使仲叔有國，猶不失配天，而他人入室，
將七廟絕祀，曾是莫懷，甘心才前落。晉武背文明之托，而覆中州
者賈後，太祖棄初宵之誓，而登合殿者元兇，禍福無門，奚其豫擇，
友于兄弟，不亦安乎？

徐陵〈晉陵太守王勵德政碑〉〔註51〕

　　家門雍睦，**孝友爲風**，上交不諂，下交不瀆，脫貂救厄，情靡矜吝，
釋馬窮途，唯濟危殆。至於網羅圖籍，脂粉藝文，學侶挹其精微，
詞宗稱其妙絕。出爲仁武將軍、晉陵太守，五雞三彘，勤恤有方，
問羊知馬，鉤距兼設，濟北移樹，累政之所未治，汝南爭水，連年
之所無斷，一朝明決，曾不留滯，四民商販，咸用殷阜，銘曰：

〔註48〕嚴可均校輯《全上古三代秦漢三國六朝文》（北京市：中華書局，1958），頁
　　　　3055。

〔註49〕裴子野（469～530年），字幾原，祖籍河東聞喜。南北朝時期被稱爲「史學三
　　　　裴」（裴松之、裴駰、裴子野。）

〔註50〕嚴可均校輯《全上古三代秦漢三國六朝文》（北京市：中華書局，1958），頁
　　　　3264。

〔註51〕嚴可均校輯《全上古三代秦漢三國六朝文》（北京市：中華書局，1958），頁
　　　　3462～3463。

康哉寶運，美矣良臣。渭自澧水，源於洛濱。公侯世及，宰輔相因。
曰我民秀，山川降神。風情穆穆，**孝友恂恂**。學則經笥，文爲世珍。
高風遠矣，曠代難倫。鼎鉉虛職，臺階未臻。安知霜霰，遽天松椿。
碣石斯表，民情既陳。徒然下拜，何報陽春。

以上引用：「君陳，惟爾令德孝恭。惟孝友于兄弟，克施有政。」

三、〈畢命〉

梁武帝〈孝思賦〉〔註52〕（並序）

朝廷以先君遺愛結民，咸思在昔，故舊部曲，猶有數千，武慶宗將
領留防彼鎮，時便有旨，使扞壽春，王事靡鹽，辭不獲免。刺史崔
慧景，志懷翻覆，遠招逋逃，多聚奸俠，大猾凶醜，莫不雲集，至
如彭盆韓元孫等，不可稱數。倍道電邁，奄至淮汜，凶徒疑駭，相
引離散，台軍主徐玄慶房伯玉等，欲襲取慧景，乃固禁之，方得止
息。是歲齊明作相，疑論未決，密馳表疏，勸征慧景，折簡而召，
必不違拒，即重遣還，以安其心，奸渠既出，**緣邊無虞**，旬朔之間，
慧景反鎮，即便解甲，以歸京師，因爾驅馳，不獲停息，數鍾百六，
時會雲雷，撥亂反正，遂膺四海。

范縝〈與王僕射書〉〔註53〕

君侯匡輔聖朝，**中夏無虞**，既盡美矣，又盡善矣，唐堯非不隆也，
門有謗木，虞舜非不盛也，庭懸諫鼓，周公之才也，樂聞譏諫。故
明君賢宰，不憚諤諤之言，布衣窮賤之人，咸得獻其狂瞽，先王所
以有而勿亡，得而勿失，功傳不朽，名至今者，用此道也。

以上引用：「既歷三紀，世變風移，**四方無虞**，予一人以寧，道有升降，政由
俗革，不臧厥臧，民罔攸勸，惟公懋德。」

齊武帝〈考課詔〉〔註54〕

守宰親民之要，刺史案部所先，宜嚴課農桑，相土揆時，必窮地利。

〔註52〕嚴可均校輯《全上古三代秦漢三國六朝文》（北京市：中華書局，1958），頁
2948。

〔註53〕嚴可均校輯《全上古三代秦漢三國六朝文》（北京市：中華書局，1958），頁
3209。

〔註54〕嚴可均校輯《全上古三代秦漢三國六朝文》（北京市：中華書局，1958），頁
2804。

若耕蠶殊眾，足屬浮墮者，所在即便列奏。**其違方驕矜**，佚事妨農，亦以名聞。將明賞罰，以勸勤怠。校核殿最，歲竟考課，以申黜陟。（《南齊書·武帝紀》）

裴子野〈又〉〔註55〕

書云貴貴，爲其近於君也，天下無生而貴者，是故德義可尊，無擇負販，苟非其人，何取世族。周衰禮壞，政出臣下，卿士大夫，自相繼及，非夫嗣嫡，猶等家臣。且徒步匹夫，見禮侯伯，軾閭擁篲，無絕於時，其四方豪勢之家，門客千數，卑身折節，比食同袍，雖相傾倚，亦成風俗。迄於二漢，尊儒重道，朝廷州裏，學行是先，雖名公子孫，還齊布衣之伍，士庶雖分，本無華素之隔。自晉以來，其流稍改，草澤之士、猶顯清塗，降及季年，專限閥閱，自是三公之子，傲九棘之家，黃散之孫，蔑令長之室，轉相驕矜，互爭銖兩，所論必門戶，所議莫賢能，苟且之俗成，傲慢之禍作，非所以敦弘退讓，屬德興化之道也。（《通典》十六、《通鑑》一百二十八。）

以上引用：「茲殷庶士，席寵惟舊，怙侈滅義，服美於人。**驕淫矜侉**，將由惡終。」

四、〈君牙〉

丘巨源〔註56〕 〈爲尚書符荊州〉〔註57〕

沈攸之出自壟畝，寂寥累世。故司空沈公，以從父示蔭，愛之若子，羽翼吹噓，得升官次。景和昏悖，猜畏柱臣，而攸之凶忍，趨利樂禍，請銜詔旨，躬行反噬。又攸之與譚金、童泰壹等，暴寵狂朝，**並爲心脊**，同功共體，世號「三侯」。當時親昵，情過管、鮑，仰遭革運，凶黨懼戮，攸之反善圖全，用得自免。既殺從父，又虐良朋，

〔註55〕嚴可均校輯《全上古三代秦漢三國六朝文》（北京市：中華書局，1958），頁3265。

〔註56〕丘巨源（？～484），字不詳，蘭陵人。宋孝武時舉丹陽郡孝廉。明帝即位，自南台御史爲王景文鎮軍參軍，元徽中除奉朝請，歷佐諸王府，轉羽林監。齊受禪，爲尚書主客郎、領軍司馬、越騎校尉，除武昌太守，改餘杭令，以事見殺。

〔註57〕嚴可均校輯《全上古三代秦漢三國六朝文》（北京市：中華書局，1958），頁2884。

　　雖呂布販君，酈寄賣友，方之斯人，未足爲酷。泰始開闢，網漏吞
　舟，略其兇險，取其搏噬，故階亂獲全，因禍興福。

此是引用：「今命爾予翼，作**股肱心膂**。」

第五章　北朝散文引用《古文尚書》、《虞書》、《夏書》、《商書》之研究

第一節　引用《虞書》之研究

一、〈大禹謨〉

　　〈書序〉：「皋陶矢厥謨，禹成厥功，帝舜申之。作〈大禹謨〉、〈皋陶謨〉、〈益稷〉。」由此可知〈大禹謨〉是描述大禹的功績以及大舜告誡大禹的言論。全文開始是由大舜和大禹對談開始，中段是大舜禪位給大禹，後段是大禹領命出征苗民，開始時戰事不順，之後大禹偃武修文，苗民終於投降。

　　北朝散文對於〈大禹謨〉的引用最多是其中對於刑罰執行的觀念，也就是「罪疑惟輕，功疑惟重；與其殺不辜，寧失不經。」獎賞要重而刑罰要輕。韓顯宗〔註1〕〈上言時務〉〔註2〕

　　　……由此言之，止奸在於防檢，不在嚴刑也。今州郡牧守，邀當時
　　　之名，行一切之法。台閣百官，亦咸以深酷爲無私，以仁恕爲容盜。
　　　迭相敦屬，遂成風俗。陛下居九重之內，視人如赤子；百司分萬務
　　　之要，遇下如仇讎。是則堯、舜止一人，而桀、紂以千百。和氣不

〔註1〕韓顯宗（？～499），字茂親。太和初舉秀才，對策甲科，除著作佐郎，尋兼中書侍郎、本州中正。太和二十三年卒。

〔註2〕嚴可均校輯《全上古三代秦漢三國六朝文》（北京市：中華書局，1958），頁3667。

至，蓋由於此。《書》曰：「與其殺不辜，寧失不經。」實宜敕示百寮，以惠元元之命。

崔纂〔註3〕〈劉景軍九歲且赦後不合死坐議〉〔註4〕

景軍云能變爲蛇雉。此乃傍人之言。雖殺暉軍爲無理，恐赦暉軍複惑眾。是以依違，不敢專執。當今不諱之朝，不應行無罪之戮。景軍九歲小兒，口尚乳臭，舉動雲爲，並不關已，月光之稱，不出其口，皆奸吏無端，橫生粉墨。**所謂爲之者巧，殺之者能。**若以妖言惑眾，據律應死。然更不破闕惑眾，赦令之後，方顯其口，律令之外，更求其罪。赦律何以取信於天下，天下焉得不疑於赦律乎？

《書》曰：「與殺無辜，寧失有罪。」又案法例律：八十已上，八歲已下，殺傷論坐者上請。議者謂悼耄之罪，不用此律。愚以老智如尚父，少惠如甘羅，此非常之士，可如其議。景軍愚小，自依凡律。

（《魏書·刑罰志》）

這是引用：皋陶曰：帝德罔愆，臨下以簡，御眾以寬；罰弗及嗣，賞延於世。宥過無大，刑故無小；罪疑惟輕，功疑惟重；與其殺不辜，寧失不經；好生之德，洽於民心，茲用不犯於有司。

這兩條引用的文字略有不同，然而皆明言《書》曰，第二條應當是作者依照自己的想法，略微翻譯了原文而得出的結果。

釋僧懿〔註5〕〈奉伐魔啓〉〔註6〕

臣信相等言，奉被詔書如右。臣聞見機者則承風以先附，守迷者必加威而後降。是以**舜舞干戚，有苗自縛于王庭**，目連援弓，則金地相圍之日。故能斬伏心王，塞靜樓觀，身被忍鎧，手挈浮囊，棄所保之貨賄，設禪悅之名肴，宴彼奇將，集此雄勇。志有所規，則無往不摧；心之所向，則無思不服。四魔區區，焉足以規慮哉！但今

〔註3〕 崔纂，字叔則。景明中爲太學博士，轉員外散騎侍郎、襄威將軍，後爲給事中。卒贈司徒左長史。

〔註4〕 嚴可均校輯《全上古三代秦漢三國六朝文》（北京市：中華書局，1958），頁3717。

〔註5〕 僧懿（？～498）本名太興，景穆太子晃之孫。孝文時襲父爵京兆王，拜長子鎮大將，入爲秘書監，改封西河王，轉守衛尉卿，表請出家。孝文詔太子爲之下發，施帛二千匹，賜名僧懿。居嵩山，太和二十二年終。

〔註6〕 嚴可均校輯《全上古三代秦漢三國六朝文》（北京市：中華書局，1958），頁3809。

聚結未散，事須平蕩，輒依分處，星言宿駕。謹重申聞，請可付外施行，謹啓。

這是引用：俞！班師振旅。帝乃誕敷文德、舞干羽於兩階。七旬，有苗格。

帝舜操干戚以舞，七十天後，終於用文德降服了外族，這類似觀兵以威諸侯，也就是舉辦了閱兵大典，讓對方知道我們國家軍備的強盛，又知道我國的仁德，而願意歸順。

《全上古三代秦漢三國六朝文》其中引用〈大禹謨〉之處並不多，後代多所引用的成語如：「無遠弗屆」、「滿招損，謙受益」、「捨己從人」、「正德」、「利用」、「厚生」等等，在北朝文章中也少有徵引。而爲後代理學家奉爲儒門重要心法的「人心惟危，道心惟微，惟精惟一，允執厥中」十六字心傳，在北朝時的文章中也並未受到重視。

第二節　引用《夏書》之研究

一、〈五子之歌〉

高陽王雍〔註7〕〈自陳六罪表〉〔註8〕

臣初入柏堂，見詔旨之行，一由門下，而臣出君行，不以恢意。每覽傷矜，視之慘目，深知不可，不能禁制。臣之罪一也。臣近忝內樞，兼屍師傅，宜保護聖躬，溫清晨夕。而于忠身居武司，禁勒自在，限以內外，朝謁簡絕。皇居寢食，所在不知，社稷安危，又亦不預，出入柏堂，**屍位而已**。臣之罪二也。

此篇引用：太康尸位，以逸豫滅厥德，黎民咸貳，乃盤遊無度，畋於有洛之表，十旬弗反。

成淹〔註9〕〈追理慕容白曜表〉〔註10〕

〔註7〕元雍（？～528），即拓跋雍，字思穆，北魏的高陽文穆王。軍閥爾朱榮佔領洛陽，將元雍等兩千多名帝國宗室和官員屠殺。

〔註8〕嚴可均校輯《全上古三代秦漢三國六朝文》（北京市：中華書局，1958），頁3605。

〔註9〕成淹字秀文，一作季文，上谷居庸人。景明中，除平陽太守。卒贈光州刺，史諡曰定。

〔註10〕嚴可均校輯《全上古三代秦漢三國六朝文》（北京市：中華書局，1958），頁3686。

臣謂白曜策名王庭，累荷榮授，曆司出內，世載忠美。秉鉞啓蕃，折沖敵國，開疆千里，拔城十二，辛勤於戎旅之際，契闊於矢石之間，登鋒履危，志存靜亂。及方難既夷，身膺高賞，受胙河山，與國升降，六十之年，寵靈已極。觀其立功，足明機運，豈容僥倖，更邀非望者乎？且于時國家士馬，屯積京南，跨州連鎮，勢侔雲嶽。主將驍雄，按鉀在所，莫不殉忠死難，效節奉時。此之不可生心，白曜足知之矣。況僭逆阻兵，營岱厭亂，加以王師仍舉，州郡屠裂，齊民勞止，神膽俱喪，亡燼之眾，不可與圖存，離敗之民，不可以語勇哉！白曜果毅習戎，體閑兵勢，寧不知士民之不可藉，將士之不同已，據強兵之勢，因塗炭之民，而欲立非常之事，**此愚夫之所弗爲也**。料此推之，事可知矣。

此篇引用：皇祖有訓，民可近，不可下，民惟邦本，本固邦寧。予視天下**愚夫愚婦**一能勝予，一人三失，怨豈在明，不見是圖。

二、〈胤征〉

《書序》：「羲和湎淫，廢時亂日，胤往征之，作〈胤征〉。」可知這篇內容類似檄文，也就是軍事上的討伐文書，其中「火炎昆岡，玉石俱焚」雖然被後人指出是抄襲《三國志》之語，然而因爲〈胤征〉而發揚光大這兩句話，至今都還是常聽到的成語。

典故的引用：

北魏孝文帝〔註11〕〈月蝕慎刑詔〉〔註12〕

日月薄蝕，陰陽之恒度耳，聖人懼人君之放怠，因之以設誡，故稱「**日蝕修德，月蝕修刑**」。乃癸巳夜月蝕盡。公卿已下，宜慎刑罰，以答天意。

在中國古代有豐富的日蝕以及月蝕記錄，現今地球科學發達，我們知道日蝕只是月球運行在地球和太陽中間，因此月球的陰影，剛好遮住了地球上某些

〔註11〕北魏孝文帝元宏（467 年～499 年），本姓「拓跋」，是北魏獻文帝拓跋弘的長子，北魏第七位皇帝（471 年～499 年在位），後改姓「元」，在位 29 年，得年 33 歲，諡孝文皇帝。

〔註12〕嚴可均校輯《全上古三代秦漢三國六朝文》（北京市：中華書局，1958），頁3531。

區域，形成了日蝕，而月蝕是地球運行在太陽和月球中間，地球的陰影遮住了月球。在北朝之時，認爲最早的一次日蝕記錄，應當是晚出《古文尚書・胤征》中所記載的：

> 惟時羲和顚覆厥德，沈亂於酒，畔官離次，俶擾天紀，遐棄厥司，乃季秋月朔，辰弗集於房，瞽奏鼓，嗇夫馳，庶人走，羲和尸厥官周聞知，昏迷於天象，以干先王之誅。

〈胤征〉這裡描寫出了一個栩栩如生的形象，富有文學上的美感，在季秋月的朔日，日月沒有在適當的位置相會，而發生了日蝕的現象，事發當時，瞽師擊鼓，嗇夫駕車奔逃，百姓奔走呼號。清晰的描繪出因爲日蝕而讓地上的人們心裡有著極大的恐慌。而會發生這樣的事，就是因爲上位者他的德行沒有令上天滿意，才會降下這樣的災禍。而在北朝文學中也借用了這一個典故，來豐富文章的內容以及當作希望君上臣下能夠修養德行，以配天地。

北魏孝文帝〈餞趙郡王幹詔〉〔註13〕

> 夫刑獄之理，先哲所難，然既有邦國，得不自勵也。汝，我之懿弟，當聿修厥德，光崇有魏，深思遠圖，如臨深履薄。罔恃親重，不務世政，國有**常憲**，方增悲感。（《魏書・趙郡王傳》。）

後周武帝〔註14〕〈除配雜科詔〉〔註15〕

> 以刑止刑，世輕世重。罪不及嗣，皆有定科。雜役之徒，**獨異常憲**，一從罪配，百世**不免**。罰既無窮，刑何**以**措。道有沿革，宜從寬典，凡諸雜戶，悉放爲民，配雜之科，因之永削。

此是引用：「嗟予有眾，聖有謨訓，明征定保，先王克謹天戒，臣人克有**常憲**，百官修輔，厥後惟明明。」

「憲」可以解釋爲法令、典範等意思，因此「常憲」可以解釋爲不變的典範或是不易之法令。引用〈胤征〉篇中的文句在文章中，既顯的莊重又表達了適切的含意。

邢劭〔註16〕〈廣平王碑文〉〔註17〕

〔註13〕嚴可均校輯《全上古三代秦漢三國六朝文》（北京市：中華書局，1958），頁3548。

〔註14〕周武帝宇文邕（543～578），小字禰羅突。武川人。宇文泰第四子。在位十九年。

〔註15〕嚴可均校輯《全上古三代秦漢三國六朝文》（北京市：中華書局，1958），頁3895。

公年方弱冠，而位居察右，道被生民，惠漸萬物，鬱爲雅俗之表，
峨成社稷之鎮。公孫聲動天下，已非其倫；管子光照鄰國，孰雲能
擬。方謂膺茲多福，降此永年，奮搏風之逸羽，窮送日之遠路，同
岐山之嘉會，陪岱宗之盛禮，而群飛在辰，橫流具及，山崩川竭，
星實日銷，**昆嶽既毀，玉石俱爐**。蘭挺則芬，玉生則潤，決決萬源，
落落千仞，我有徽猷，金聲玉振。志猶學海，業比登山，踟躕緹袞，
絳帳韋編，尋微啓奧，數理入玄。天地或終，山河匪壽，昔日先民，
誰堪長久。立言立事，責之身後，式銘景行，是爲不朽。

本篇是引用：爾眾士同力王室，尚弼予欽承天子威命。**火炎昆岡，玉石俱焚**。
天吏逸德，烈于猛火。

第三節　引用《商書》之研究

　　《商書》是指殷商留下來的文書，《周書》是指周朝留下來的文書。今傳
《商書》有〈湯誓〉、〈仲虺之誥〉、〈湯誥〉、〈伊訓〉、〈太甲上〉、〈太甲中〉、
〈太甲下〉、〈咸有一德〉、〈盤庚上〉、〈盤庚中〉、〈盤庚下〉、〈說命上〉、〈說
命中〉、〈說命下〉、〈高宗肜日〉、〈西伯戡黎〉、〈微子〉等十七篇。經歷來學
者之考證，其中〈仲虺之誥〉、〈湯誥〉、〈伊訓〉、〈太甲上〉、〈太甲中〉、〈太
甲下〉、〈咸有一德〉、〈說命上〉、〈說命中〉、〈說命下〉等十篇，是魏晉時代
的僞作。

一、〈仲虺之誥〉

衛操〔註18〕〈桓帝功德頌碑〉〔註19〕

　　其頌又稱：桓帝「金堅玉剛。應期順會，王有北方。行能濟國，武
平四荒。無思不服，區域大康。世路紛糾，運遭播揚。羯胡因釁，
敢害並土。哀痛下民，死亡失所。率眾百萬，平夷險阻。存亡繼絕，

〔註16〕邢劭（496～？），字子才。河間鄭人。北齊時累官驃騎將軍、西兗州刺史，
　　　　太常卿兼中書監，後授特進，死于任上。
〔註17〕嚴可均校輯《全上古三代秦漢三國六朝文》（北京市：中華書局，1958），頁
　　　　3842。
〔註18〕衛操（？～310年）年，字德元。
〔註19〕3614

一州蒙祜。功烈桓桓，龍文虎武。朱邑小善，遺愛桐鄉。勦攘大患，六郡無（缺）悉之來，由功而存。刊石勒銘，**垂示後昆**。」

後周武帝〈甲子乙卯日停樂詔〉〔註20〕

道德交喪，禮義嗣興。褒四始於一言，美三千於為敬。是以在上不驕，處滿不溢，富貴所以長守，邦國于焉義安。故能承天靜地，和民敬鬼，明並日月，道錯四時。朕雖庸昧，有志前古。甲子乙卯，禮云不樂。莫弘表昆吾之稔，杜蕢有揚觶之文。自世道喪亂，禮儀紊毀，此典茫然，已墜於地。昔周王受命，請聞顓頊。廟有戒盈之器，室為複禮之銘。矧伊末學，而能忘此。宜依是日，省事停樂。庶知為君之難，為臣不易。**貽之後昆，殷鑒斯在**。

上篇是引用：王懋昭大德，建中於民，以義制事，以禮制心，垂裕後昆。

二、〈湯誥〉

《書序》：「湯既黜夏命，復歸於亳，作〈湯誥〉。」這是一篇誥體文，也就是上對下所講，

高閭〔註21〕〈應詔陳損益表〉

奉癸未詔書，以春夏少雨，憂饑饉之方臻，湣黎元之傷瘥。**同禹、湯罪己之誠，齊堯、舜引咎之德**，虞災致懼，詢及卿土，令各上書，極陳損益。深恩被於蒼生，厚惠流於後士。伏惟陛下天啓聖姿，利見纂極，欽若昊天，光格宇宙。……臣聞皇天無私，降鑒在下，休咎之徵，咸由人召。故帝道昌則九疇敍，君德衰而彝倫。休瑞並應，享以五福，則康於其邦；咎徵屢臻，罰以六極，則害于其國。斯乃《洪範》之實徵，神祇之明驗。及其厄運所纏，世鍾陽九，數乖于天理，事違於人謀，時則有之矣。故堯、湯逢歷年之災，周、漢遭水旱之患，然立功修行，終能弭息。今考治則有如此之風，計運未有如彼之害，而陛下殷勤引過，事邁前王。徒星澍雨之徵，指辰可必；消災滅禍之符，灼然自見。（《魏書·高閭傳》）

北魏宣武帝〔註22〕〈答盧昶奏鼠咎詔〉〔註23〕

〔註20〕3891

〔註21〕高閭（？～502），字閭士，本名驪，漁陽雍奴人。司徒崔浩見而奇之，乃改名閭而字。其文章與高允相上下，時稱「二高」。

> 朕纂承鴻緒,伏膺寶曆,思靖八方,惠康四海。當必世之期,麟鳳不降;屬勝殘之會,白鼠告咎。**萬邦有罪,實惟朕躬。**尚書數納機猷,獻替是寄,讜言有聞,朕實嘉美。(《魏書‧盧玄附傳》)

在古代的典籍裡能夠找到的「罪己詔」模本,是《古文尚書》中的〈湯誥〉:

> 俾予一人輯寧爾邦家,茲朕未知獲戾於上下,慄慄危懼,若將隕於深淵。凡我造邦,無從匪彝,無即慆淫,各守爾典,以承天休。爾有善,朕弗敢蔽;罪當朕躬,弗敢自赦,惟簡在上帝之心。其爾萬方有罪,在予一人;予一人有罪,無以爾萬方。嗚呼!尚克時忱,乃亦有終。

這是說我作皇帝的,做任何事情,都將「慄慄危懼,若將隕於深淵」這句話和《詩經》中「戰戰兢兢,如臨深淵」類似,皆是說要努力於所從事的工作,而且每天都不懈怠,很認真謹慎的面對每一件事物,就好像站在懸崖邊那樣的戒慎恐懼。

這篇文章中「萬邦有罪,實惟朕躬」,就是略略改易「萬方有罪」以及「罪當朕躬」等語而成。在這裡也顯示出《古文尚書》因為用語和北朝時代相近,因此北朝散文在引用時,改略語句也相對於伏生所傳的詰屈聱牙《尚書》來得容易許多。

三、〈伊訓〉

《書序》:「成湯既沒,太甲元年,伊尹作〈伊訓〉、〈肆命〉、〈徂後〉。」「訓」是《尚書》中的一種文章體裁,有諄諄警戒的意思。古人用以遺留後世,祖宗用以教誨子孫,臣子用以規諫君上等,都可以視作「訓」體。〈伊訓〉此篇為成湯沒後,伊尹為了規諫太甲而做,書中表彰先王,並給後王許多政治上的建議。

北魏獻文帝〔註24〕〈克青冀二州下書〉〔註25〕

〔註22〕北魏宣武帝元恪(483年～515年)。為孝文帝元宏次子,母高照容。

〔註23〕嚴可均校輯《全上古三代秦漢三國六朝文》(北京市:中華書局,1958),頁3554。

〔註24〕北魏獻文帝拓跋弘(454年～476年)是南北朝時期北魏的皇帝。是文帝拓跋濬長子。

〔註25〕嚴可均校輯《全上古三代秦漢三國六朝文》(北京市:中華書局,1958),頁3524。

朕承天序，臨馭兆民，思闡皇風，以隆治道。而荊吳僭傲，跨寺一方，**天降其殃，以罰有罪**，篡戮發于蕭牆，毒害嬰於群庶，徐州刺史薛安都，司州刺史常珍奇，深體逆順，歸誠獻款。遭難已久，饑饉薦臻，或以糊口之功，私力窮盜，或不識王命，藏竄山藪，或爲囚徒，先被執系，元元之命，甚可哀潛。其曲赦淮北三州之民，自天安二年正月三十日壬寅昧爽以前，諸犯死罪以下系囚見徒，一切原遣。唯子殺父母，孫殺祖父母、弟殺兄、妻殺夫、奴殺主，不從赦例。若亡命山澤，百日不首，複其初罪。

此篇中引用了兩個部分：

惟我商王，布昭聖武，代虐以寬，兆民允懷。

嗚呼！嗣王祇厥身，念哉！聖謨洋洋，嘉言孔彰。惟上帝不常，作善降之百祥，作不善降之百殃。

此篇第一個是引用了「兆民」，也就是百姓黎民等的意思，指的是人民。第二個是「天降其殃，以罰有罪」此句和「惟上帝不常，作善降之百祥，作不善降之百殃。」將天比擬成一個道德天，是一個有意志並且能降災祥以應對於禍福的上天。

四、〈咸有一德〉

　　《書序》：「伊尹作〈咸有一德〉。」從《書序》的敘述中沒有辦法知道此篇的內容爲何，然而觀今流傳之《古文尚書》來看，是伊尹要告老還鄉時，諷諫君上的話語，內容是要上位者保持良好的德行，不使上天降災，以保持政治的和諧。

典故的引用：

張普惠〔註26〕〈上疏答詔訪冤屈〉〔註27〕

臣又聞**明德愼罰**，文王所以造周；**咸有一德，殷湯所以革夏**。故能上令下從，風動草偃，畏之如雷電，敬之如明神。是以天子家天下，

〔註26〕張普惠（？～525），字洪賑，常山九門人。孝昌元年卒，贈幽州刺史，諡曰宣恭。

〔註27〕嚴可均校輯《全上古三代秦漢三國六朝文》（北京市：中華書局，1958），頁3746～3747。

綏萬國，若天之無不覆，地之無不載。遷都之構，庶方子來，泛澤
所沾，降及陪皂。寧有嶽牧。

此處引用了《尚書・康誥》：「惟乃丕顯考文王，克明德慎罰。」以及《古文
尚書》中的〈咸有一德〉。此處將〈咸有一德〉整篇文章中所述說的伊尹告誡
太甲，爲君之道，必須有著純正良善的德行，才能風行草偃，將國家治理好
這段文章，看成一個眞實發生的故事，並將他引用來做爲文章中立論證說的
典故和依據。

文句的引用：

北魏孝文帝〈改元太和詔〉〔註28〕

朕夙承寶業，懼不堪荷，而天眡具臻，地瑞並應，風和氣，天人交
協。豈朕沖昧所能致哉？實賴神**七廟**降福之助。今三正告初，祇感
交切，宜因陽始，協典革元，其改今號爲太和元年。

北魏孝文帝　　顧命宰輔〔註29〕

粵爾太尉、司空、尚書令、左右仆射、吏部尚書，惟我太祖丕丕之
業，與四象齊茂，累聖重明，屬鴻歷於寡昧。兢兢業業，思纂乃聖
之遺蹤。遷都嵩極，定鼎河，庶南蕩甌吳，複禮萬國，以仰光**七廟**，
俯濟蒼生。困窮早滅，不永乃誌。公卿其善毗繼子，隆我魏室，不
亦善歟？可不勉之！

佚名〈議撰親祀七廟儀〉〔註30〕

昔有虞親虡，祖考來格，殷宗躬謁，介福降。大魏**七廟**之祭，依先
朝舊事，多不親謁。今陛下孝誠發中，思親祀事，稽合古王（《通典》
作「義」），禮之常典。臣等謹案舊章，並采漢魏故事，撰祭服、冠、
屨、牲牢之具、篕、俎豆之器，百官助祭位次，樂官節奏之引，升
降進退之法，別集爲親拜之儀。

此處的「七廟」是可追溯到引用〈咸有一德〉：

〔註28〕嚴可均校輯《全上古三代秦漢三國六朝文》（北京市：中華書局，1958），頁
3525。

〔註29〕嚴可均校輯《全上古三代秦漢三國六朝文》（北京市：中華書局，1958），頁
3550。

〔註30〕嚴可均校輯《全上古三代秦漢三國六朝文》（北京市：中華書局，1958），頁
3795。

　　七世之廟，可以觀德。萬夫之長，可以觀政。

七世之廟指的是古代帝王為了進行宗法統治，立七廟供奉七代祖先。《禮記·王制》：「天子七廟，三昭三穆，與太祖之廟而七。」昭穆是指宗廟的輩次排列，太祖居中，二世、四世、六世，位於太祖的左方，稱昭；三世、五世、七世位於太祖的右方，稱穆。可以觀德指的是古代帝王立七廟，對世次疏遠的先祖，則依制遷去神主，供奉在祭祀遠祖、始祖的遠廟，但如果是有德的帝王則不遷。因此，七廟親盡而廟不毀，就是證明有德。

第六章　北朝散文引用《古文尙書》《周書》之研究

　　周書是周人留下來的文書今傳周書有〈泰誓上〉、〈泰誓中〉、〈泰誓下〉、〈牧誓〉、〈武成〉、〈洪範〉、〈旅獒〉、〈金縢〉、〈大誥〉、〈微子之命〉、〈康誥〉、〈酒誥〉、〈梓材〉、〈洛誥〉、〈多士〉、〈無逸〉、〈君奭〉、〈蔡仲之命〉、〈多方〉、〈立政〉、〈周官〉、〈君陳〉、〈顧命〉、〈康王之誥〉、〈畢命〉、〈君牙〉、〈冏命〉、〈呂刑〉、〈文候之命〉、〈費誓〉、〈秦誓〉等三十二篇。經歷代學者考訂，其中〈泰誓上〉、〈泰誓中〉、〈泰誓下〉、〈武成〉、〈旅獒〉、〈微子之命〉、〈蔡仲之命〉、〈周官〉、〈君陳〉、〈畢命〉、〈君牙〉、〈冏命〉等十二篇，爲魏晉時人所僞造北朝散文中有引用的有〈泰誓〉、〈武成〉、〈微子之命〉、〈蔡仲之命〉、〈周官〉、〈君陳〉、〈君牙〉。因篇幅甚多，分爲兩節討論。

第一節　引用〈周書〉之研究（上）

一、〈泰誓〉

　　《書序》：「惟十有一年，武王伐殷。一月戊午，師渡孟津，作《泰誓》三篇。」此篇是講武王攻打紂王時的誓詞。

文句的引用：

北魏孝明帝〔註1〕〈災異修省詔〉〔註2〕

朕以眇暗，忝承鴻緒，因祖宗之基，托王公之上，每鑒寐屬慮，思康**億兆**。比雨旱愆時，星運舛錯，政理闕和，靈祇表異，永尋夕惕，戢恧於懷。宜詔百司，各勤厥職，諸有鰥寡窮疾冤滯不申者，並加厘恤。若孝子順孫、廉貞義節、才學超異、獨行高時者，具以言上，朕將親覽，加以旌命。

孝莊帝〔註3〕〈大赦改元詔〉〔註4〕

朕以寡薄，撫臨萬邦，思與**億兆**，同茲慶泰。可大赦天下，以魏為大魏，改建明二年為普泰元年。其稅市及稅鹽之官，可悉廢之。百雜之戶，貸賜民名，官任仍舊。天下調絹，四百一匹。內外文武，普嚴四階；合敘未定第者，亦沾級。除名免官者，特複本資，品封依舊。

安定王休〔註5〕〈請依成式公除表〉〔註6〕

上靈不吊，大行太皇太後崩背，溥天率土，痛慕斷絕。伏惟陛下孝思，攀號罔極。臣等聞先王制禮，必有隨世之變，前賢創法，亦務適時之宜。良以世代不同，古今異致故也。**三年之喪**，雖則自古，然中代已後，未之能行。先朝成式，事在可準，聖後終制，刊之金冊。伏惟陛下至孝發衷，哀毀過禮，欲依上古，喪終三年。誠協大舜孝慕之德，實非俯遵濟世之道。今雖中夏穆清，庶邦康靜，然萬機事殷，不可暫曠，春秋嘗，事難廢闕。伏願天鑒，抑至孝之深誠，副**億兆**之企望，喪期禮數，一從終制，則天下幸甚。日月有期，山陵將就，請展安兆域，以備奉終之禮。

這裡的「億兆」是引用自《古文尚書・泰誓中》：

〔註1〕 北魏孝明帝元詡（510年～528年）。宣武帝元恪的三子，母親胡充華。
〔註2〕 嚴可均校輯《全上古三代秦漢三國六朝文》（北京市：中華書局，1958），頁3569～3570。
〔註3〕 北魏孝莊帝元子攸（507年～530年）。彭城王元勰嫡子。被爾朱榮擁立為皇帝，實際上是傀儡。
〔註4〕 嚴可均校輯《全上古三代秦漢三國六朝文》（北京市：中華書局，1958），頁3573。
〔註5〕 安定靖王拓跋休（?～494年），諡曰「靖王」。
〔註6〕 嚴可均校輯《全上古三代秦漢三國六朝文》（北京市：中華書局，1958），頁3591。

> 受有億兆夷人，離心離德。予有亂臣十人，同心同德。雖有周親，
> 不如仁人。天視自我民視，天聽自我民聽。百姓有過，在予一人，
> 今朕必往。我武維揚，侵於之疆，取彼凶殘。我伐用張，於湯有光。

在後代「億兆」、「黎民」、「黔首」等詞已普遍運用在文章之中，指的就是百姓人民之意。在這裡雖然不能說「億兆」、「黎民」、「黔首」等詞是因為《古文尚書》才發明的，因為《古文尚書》晚出，已是襲用當時（至少是晉代以前）流行的用語所編輯的，但是因為後代寫文章的作者借用了《古文尚書》中的詞語，因此也可說「億兆」、「黎民」、「黔首」因為此而廣被後人所熟知、接受進而運用在文章之中。另外此處「三年之喪」是引用《古文尚書·舜典》中「二十有八載，帝乃殂落。百姓如喪考妣，三載，四海遏密八音。」雖然後世對守喪三年多有議論，然而追溯此一制度，當是由《尚書·堯典》中而來，也就是後世所謂《古文尚書·舜典》中的內容。

拓跋英〔註7〕〈圖鍾離未克乞寬假日期表〉〔註8〕

> 臣奉辭伐罪，誌殄逋寇，想敵量攻，期至二月將末，三月之初，理
> 在**必克**。但自此月一日以來，霖雨連並，可謂天違人願。然王者行
> 師，舉動不易，不可以少致睽淹，便生異議。臣亦諦思。若入三月
> 已後，天晴地燥，憑陵是常。如其連雨仍接，不得進攻者，臣已更
> 高邵陽之橋，防其汎突。意外洪長，慮其破橋，臣亦部分造船，複
> 於鍾離城隨水狹處營造浮橋，至三月中旬，橋必克成。晴則攻騰，
> 雨則圍守，水陸二圖，以得為限。實願朝廷特開遠略，少複賜寬，
> 假以日月，無使為山之功，中途而廢。

此處是引用《古文尚書·泰誓中》：

> 天其以予乂民，朕夢協朕卜，襲於休祥，戎商必克，受有億兆夷人，
> 離心離德，予有亂臣十人，同心同德。

此處的「必克」，解釋為一定會獲勝。在文章之中引用古言古語，增加了莊重肅穆之感，並且「必克」兩個仄聲字相疊，增加了語言的力量。

　　值得注意的是，歷來所傳之〈泰誓〉甚為複雜，有古〈泰誓〉，有河間女子所獻之漢代〈泰誓〉，以及《古文尚書》之晚出〈泰誓〉。漢代〈泰誓〉甫

〔註7〕 拓跋英（？～510），字虎兒。性識聰敏，善騎射，解音律，微曉醫術。
〔註8〕 嚴可均校輯《全上古三代秦漢三國六朝文》（北京市：中華書局，1958），頁
　　　3601。

出，大儒馬融即認爲不眞。然而在北朝文學中，除了引用晚出之〈泰誓〉外，
尚有引用漢代〈泰誓〉的，如：

陽固〔註9〕〈演賾賦〉〔註10〕

> 石育子而啓夏兮，遺卵而孕殷。鳥藉冰而存棄兮，虎乳孩以字文。
> **發升舟而魚躍兮，季潛軀而覆雲。**或揮戈而爭帝兮，或洗耳而辭君。
> 道曲成而不一兮，神參差而異兆。茲聖達之未明兮，豈前修之克了。
> 迷白日之近遙兮，方有窺於天表。且臨海而觀瀾兮，何津源之杳杳。
> 以患寒爲福兮，痛比幹之殘軀。以佞諛爲獲安兮，哂宰之見屠。以
> 舉士而受賞兮，悼史邊之腐刑。以進爲無益兮，見鄂秋之專城。

此處引用了《詩經·玄鳥》以及漢代《尚書·太誓》：

> 太子發升舟，中流，白魚入於王舟，王跪取出，以燎。

由此可知漢代〈泰誓〉和晚出〈泰誓〉在北朝之時，同樣都有流傳，並進而
成爲後人文章中引用的部分。然而此處不知道作者是因爲不信晚出〈泰誓〉，
還是單純的斷章取義，運用了漢代〈泰誓〉作爲典故。

二、〈武成〉

《書序》：「武王伐殷。往伐歸獸，識其政事，作〈武成〉。」觀今所傳之
《古文尚書·武成》通篇先講武王聚集軍隊準備出征，並將紂王的罪狀昭告
天下，接著敘述打仗的經過，最後迎接勝利，偃武修文，天子垂衣拱手而天
下治。

高允〔註11〕〈北伐頌〉〔註12〕

> 皇矣上天，降鑒惟德，眷命有魏，照臨萬國。禮化丕融，王猷允塞，
> 靜亂以威，穆民以則。北虜舊隸，稟政在蕃，往因時□，逃命北轅。
> 世襲兇軌，背忠食言，招亡聚盜，醜類實繁。敢率犬羊，圖縱猖蹶，

〔註9〕固字敬安，北平無終人。太和中，爲劉昶宋王府法曹參軍兼長史。卒贈輔國
　　　　將軍、太常少卿，諡曰文。

〔註10〕嚴可均校輯《全上古三代秦漢三國六朝文》（北京市：中華書局，1958），頁
　　　　3731～3732。

〔註11〕高允（390年～487年），字伯恭，勃海蓚人，位至中書令。著作有《左氏解》、
　　　　《公羊釋》等。明人輯有《高令公集》。

〔註12〕嚴可均校輯《全上古三代秦漢三國六朝文》（北京市：中華書局，1958），頁
　　　　3655。

乃詔訓師，興戈北伐。躍馬裹糧，星馳電發，撲討虔劉，肆陳斧鉞。
斧鉞暫陳，翦翦厥旅，**積骸塡谷，流血成浦**。元兇狐奔，假息窮壘，
爪牙既摧，腹心亦阻。周之忠厚，存及行葦，翼翼聖明，有兼斯美。
澤被京觀，垂此仁旨，封屍野，惠加生死。生死蒙惠，人欣覆育，
理貫幽冥，澤漸殊域。物歸其誠，神獻其福，遐邇斯懷，無思不服。
古稱善兵，歷時始捷，今也用師，辰不及決。六軍克合，萬邦以協，
義著春秋，功銘玉牒，載興頌聲，播之來葉。

在晚出《古文尚書》之中，最有名的描寫戰爭的篇章，當推〈胤征〉以及〈武成〉兩篇。而本篇〈北伐頌〉幾乎通篇和〈武成〉脈絡一致。先敘述敵人的罪狀，逆天虐民，離心離德，文章中段部分描寫戰爭，其中「積骸塡谷，流血成浦」和〈武成〉篇中所用「血流漂杵」之言頗爲類似。最後讚頌這場戰爭戰勝敵人，將壞人趕走，重新將人民納於我聖王的統治之下。此篇頌文四字一句，而《古文尚書·武成》中也多是四字一句，由此也可瞭解到在文章的引用上，晚出之《古文尚書》因爲語言風格相近，容易於改易成文，而不會導致文章內容，風格語言上的扞格。

三、〈微子之命〉

《書序》：「成王既黜殷命，殺武庚，命微子啓代殷後，作〈微子之命〉。」本篇據《古文尚書·微子之命》是成王攻克殷朝後，命令微子管理東方之地告誡微子的話語。

典故的引用：

宣武帝〈遣迎蕭寶夤詔〉［註13］

蕭寶夤深識機運，歸誠有道，冒險履屯，投命絳闕，**微子**、陳韓亦曷以過也。可遣羽林監、領主事劉桃符詣彼迎接。其資生所須之物，及衣冠、車馬、在京邸館，付尚書悉令預備。

此篇將蕭寶夤比喻爲微子，說明蕭寶夤開始雖然敵對，然而歸誠我主之後，北魏皇帝仍然任命蕭寶夤重要的職位，就好比〈微子之命〉一樣，周朝打敗了殷朝，依然任用殷朝的微子擔當重任，治理人民。希望蕭寶夤能夠像微子

［註13］嚴可均校輯《全上古三代秦漢三國六朝文》（北京市：中華書局，1958），頁3555。

一樣，忠於君王，努力於政事。

四、〈蔡仲之命〉

《書序》：「蔡叔既沒，王命蔡仲，踐諸侯位，作〈蔡仲之命〉。」依據《古文尚書》的內容，此篇內容爲蔡叔反叛，終生幽禁，蔡叔死後，王命令蔡仲繼承蔡叔的爵位，繼續治理人民。

典故的引用：

孝明帝〈咸陽京兆二王諸子聽附屬籍詔〉〔註14〕

周德崇厚，蔡仲享國：漢道仁恕，淮南畢王。皆所以申恩懿戚，躅蕩舊釁，義彰曩葉，詠流前史。頃者，咸陽京兆王自貽禍敗，事由間惑，猶有可矜。兩門諸子，並可聽附屬籍。

張白澤〔註15〕〈諫文明太后〉〔註16〕

臣聞上天愛物之生，明王重民之命，故殺一人而取天下，仁者不爲。**且《周書》父子兄弟，罪不相及**，今群兇肆虐，裂誅盡，合城無辜，奈何極辟。不誣十室，而況一州，或有忠焉，或有仁者，若淫刑濫及，殺忠與仁，斯乃西伯所以嘆息於九侯，孔子所以回輪於河上。伏惟聖德昭明殷鑒，水鏡前禮，止迅烈之怒，抑雷霆之威，則溥天知幸矣。昔屬防民口，辛滅宗姬，文聽輿頌，終摧強楚。願不以人廢言，留神省察。

崔挺〔註17〕〈上書諫連坐充役〉〔註18〕

《周書》：「父子罪不相及。」天下善人少，惡人多，以一人犯罪，延及合門。司馬牟受桓之罰，柳下惠嬰盜跖之誅，豈不哀哉？

此處《周書》當是《古文尚書‧周書‧蔡仲之命》的省稱。此篇內容蔡叔犯了內亂罪，在幽禁後，死於被囚之處，於是周王命令蔡仲接續他父親的爵位，

〔註14〕嚴可均校輯《全上古三代秦漢三國六朝文》（北京市：中華書局，1958），頁3570。

〔註15〕張白澤，字鍾葵。辛贈鎮南將軍、相州刺史、廣平公，諡曰簡。

〔註16〕嚴可均校輯《全上古三代秦漢三國六朝文》（北京市：中華書局，1958），頁3615～3616。

〔註17〕崔挺（445～503）北魏博陵安平人，字雙根。少習經史，舉秀才，射策高第。

〔註18〕嚴可均校輯《全上古三代秦漢三國六朝文》（北京市：中華書局，1958），頁3715。

繼續治理人民，管理政事。此處運用了這個典故，說明父親犯法，與家族無關，罪只及於一身。這在律法哲學上是有相當時代意義，在文學運用上，使用古聖的言行舉動，來論證自己的說法，增加了文章說服力。

第二節　引用〈周書〉之研究（下）

一、〈周官〉

　　《書序》：「成王既黜殷命，滅淮夷，還歸在豐，作〈周官〉。」依據《古文尚書・周官》的內容，是敘述周王朝設官分職之法。而北朝文學中的引用，也多是這一方面的文章。

典故的引用：
北魏孝文帝〈講武詔〉〔註19〕

> 文武之道，自古並行，威福之施，必稽往籍。故三五至仁，尚有征伐之事，夏殷明睿，未舍兵甲之行。然則天下雖平，忘戰者殆，不教民戰，可謂棄之。**是以周立司馬之官**，漢置將軍之職，皆所以輔文強武，威肅四方者矣。國家雖崇文以懷九服，修武以寧八荒，然於習武之方，猶為未盡。今則訓文有典，教武闕然。將於馬射之前，先行講武之式，可敕有司，豫修場埒。其列陣之儀，五戎之數，別俟後敕。

此篇〈講武詔〉在講述國家軍備的重要性，因此引用了《古文尚書・周官》中的典故。司馬之官，按照〈周官〉的內容，其執掌為國家的征伐、統帥軍隊，平定亂邦。在一般的觀念之中，三代聖王，講信修睦，社會和諧。然而在這樣和平的景況之下，仍然看重國家的軍備，因此運用這樣的典故在文章中，同理可證，現在的朝廷國家也是需要重視軍備的。
王睿〔註20〕〈疾篤上疏〉〔註21〕

〔註19〕嚴可均校輯《全上古三代秦漢三國六朝文》（北京市：中華書局，1958），頁3537。
〔註20〕王睿字洛誠，太原晉陽人。卒贈衛大將軍、太宰、並州牧，諡曰宣王。
〔註21〕嚴可均校輯《全上古三代秦漢三國六朝文》（北京市：中華書局，1958），頁3682。

臣聞爲治之要，其略有五：一者慎刑罰，二者任賢能，三者親忠信，四者遠讒佞，五者行黜陟。夫刑罰明則奸宄息，賢能用則功績著，親忠信則視聽審，遠讒佞則疑間絕，黜陟行則貪叨改。是以欽恤推刑，載在《唐典》，知人則哲，惟帝所難。**《周書》垂好德之文**，漢史列防奸之論，考省幽明，先王大典。又八表既廣，遠近事殊，撫荒裔宜待之以寬信，綏華甸宜惠之以明簡。哀恤孤獨，賑施困窮，錄功舊，赦小罪，輕徭役，薄賦斂，修福業，禁淫祀。願聽政餘暇，賜垂覽察。使子囊之誠，重申於當世；將墜之誌，獲用於明時。

此篇所引《周書》，當是《古文尚書‧周書‧周官》。其內容是敘述周王朝設官分職之法，以及考核官員的重要性，並述說運用了這樣的方法，人民將可長久享受國家的恩德，也就是這裡所說「垂好德之文」。

蕭寶寅〔註22〕〈考功表〉〔註23〕

臣聞《堯典》有黜陟之文，**《周書》有考績之法**，雖其源難得而尋，然條流抑亦可知矣。大較在於官人用才，審於所蒞；練跡校名，驗於虛實。豈不以臧否得之余論，優劣著於歷試者乎？既聲窮於月旦，品定於黃紙，用效於名輩，事彰於臺閣，則賞罰之途，差有商準；用舍之宜，非無依據。雖複勇進忘退之儔，奔競於市里，過分亡涯之請，馳騖於多門；猶且顧其聲第，慎其與奪。器分定於下，爵位懸於上，不可妄叨故也。

〈周官〉的內容，是敘述周王朝設官分職之法，也提及了考績官員的重要性，敘述官員有好表現即要賞賜，表現不好要處罰，如此才是國家長治久安之道。

文句的引用：

張普惠〈上疏答詔訪冤屈〉〔註24〕

夫琴瑟不調，澆而更張。善人，國之本也，其可棄乎？《詩》云：「樂只君子，邦家之基。」《堯典》曰：「克明俊德。」《呂刑》曰：「何擇非人。」**《周官》曰：「官弗必備，唯其人。」**《咎繇》曰：「無曠

〔註22〕蕭寶寅（486～530），字智亮。自稱齊帝，年號隆緒元年。

〔註23〕嚴可均校輯《全上古三代秦漢三國六朝文》（北京市：中華書局，1958），頁3754。

〔註24〕嚴可均校輯《全上古三代秦漢三國六朝文》（北京市：中華書局，1958），頁3746。

庶官，天工人其代之。」《詩》云：「人之云亡，邦國殄瘁。」又曰：
「雨我公田，遂及我私。」孔子曰：「不患貧而患不均。」如此，則
官必擇人，泛則宜溥，請遠遵正始元旨，近準聖明二泛，內外百官，
悉同一階，不以泛前折考，不以散任增年，則同雲共澍，四海均洽。
如謂未可，宜以權理折之……**《書》曰：「舉能其官，惟爾之能，稱
非其人，惟爾弗任。」** 斯周道所以佑辟康民，敢不敬守。臣忝官樞
副，毗察冤訟，寤寐惟省，謂宜追正，愚固所陳，方無可采。

此兩處所引用的是《古文尚書・周官》：「官弗必備，惟其人。」以及「舉能
其官，惟爾之能。稱匪其人，惟爾不任」而略略改易其文。前句是說官員平
時不一定要有人擔當，可以兼任，但務必訪求賢能的人來擔任。後一句是說
臣下所推舉的官員能勝任官職，這是功勞；如果推舉不當，那就是臣子的不
勝任職位。引用兩句古書上的詞語，以證明自己立論的依據。

二、〈君陳〉

　　《書序》：「周公既沒，命君陳分正東郊成周，作〈君陳〉」。然而北朝文
章中引用之處，和〈君陳〉文章內容多無相關，多只是引用作為單詞，增加
字彙而已。

宣武帝〈答元嵩謀取沔南詔〉〔註25〕

　　所陳**嘉謀**，深是良計，如當機形可進，任將軍裁之。

宣武帝〈求言詔〉〔註26〕

　　昔虞戒面從，昌言屢進；周任諫輔，王闕必箴。朕仰纘鴻基，伏膺
　　寶歷，思康庶績，一日萬幾，是以側望忠言，虛求讜直。而良策弗
　　進，規畫無聞，豈所謂弼諧元首，匡救不逮者乎？可詔王公已下，
　　其有**嘉謀**深圖、直言忠諫、利國便民、矯時屬俗者，咸令指事陳奏，
　　無或依違。

高允〈征士頌〉〔註27〕

〔註25〕嚴可均校輯《全上古三代秦漢三國六朝文》（北京市：中華書局，1958），頁
　　　　3553。
〔註26〕嚴可均校輯《全上古三代秦漢三國六朝文》（北京市：中華書局，1958），頁
　　　　3559。
〔註27〕嚴可均校輯《全上古三代秦漢三國六朝文》（北京市：中華書局，1958），頁
　　　　3653～3654。

盧生，量遠思純，鉆道據德，遊藝依仁。旌弓既招，釋褐投巾，攝
齊升堂，**嘉謀**日陳。自東徂南，躍馬馳輪，僭馮影附，劉以和親。

此皆引用《古文尚書·君陳》

爾有嘉謀嘉猷，則入告爾後於內，爾乃順之於外，曰：斯謀斯猷，
惟我后之德。

嘉謀也就是指好的謀劃方案，這是單純的語句上的運用。

李彪〔註28〕〈表上封事七條〉〔註29〕

其六曰：《孝經》稱「父子之道天性」，**《書》云「孝乎惟孝，友於兄
弟」**，二經之旨，蓋明一體而同氣……

佚名〈龍驤將軍營州刺史高貞碑〉〔註30〕

君諱貞，字羽眞，勃海人也。其先蓋炎帝氏之苗裔，昔在黃唐，是
爲四嶽，爰逮伯夷，受命於虞，舜曰典朕□□□□□□暨呂尚佐周
克殷，有大功於天下，位爲太師，俾侯齊國，世世勿絕，表乎東海，
其公族有高子者，即其氏焉。自茲已降，冠冕繼及，世濟其德，不
其名。祖左光祿大夫勃海敬公，純蝦所鐘，式誕文昭皇太後，是
爲世宗武皇帝之外祖。考發東將軍、青州刺史莊公，有行有禮，克
荷克構，即文昭皇太皇之弟二兄也。君稟岐嶷之姿，挺圭璋之質，
清暈發於載弄，秀悟表乎齠齒，黃中通理之名，卓爾不群之目，固
已殊異公族，見稱於匠者。**至於孝以事親，則白華不能比其潔；友
於兄弟**……

《古文尚書·君陳》王若曰：「君陳，惟爾令德孝恭。惟孝，友於兄弟，克施有
政。」這句是說，只有孝敬父母，友愛兄弟，並且將這種風氣影響到政治上。
此篇也是考辨《古文尚書》中重要的一句話，此句本爲《論語》中：子曰：「《書》
云：『孝乎惟孝，友於兄弟，施於有政。』是亦爲政，奚其爲爲政？」考辨者
認爲作僞者斷句判斷錯誤，以致露出馬腳。然而不論書籍眞僞考辨，此處所
引，單純的認爲孝順除了孝順長輩，也要旁及於兄弟，才是良好的德行表現。

〔註28〕李彪（444～501），宇道固，頓丘衛國人。卒諡剛憲。

〔註29〕嚴可均校輯《全上古三代秦漢三國六朝文》（北京市：中華書局，1958），頁
3723～3724。

〔註30〕嚴可均校輯《全上古三代秦漢三國六朝文》（北京市：中華書局，1958），頁
3803～3804。

三、〈君牙〉

　　《書序》：「穆王命君牙，爲周大司徒，作〈君牙〉。」此篇是穆王告誡君牙之語，然而北朝文學中所引用的和此內容並無多大關係。

詞語的引用：

宣武帝〈密遣中使詔於忠〉〔註31〕

　　　　比**股肱**褫落，**心膂**無寄。方任雖重，比此爲輕。故輟茲外任，委以內務。當勤夙無怠，稱朕所寄也。

此是引用《古文尙書・君牙》：

　　　　今命爾予翼，作股肱心膂。

股、肱、心、膂皆是人體重要的部分。膂、股、肱爲協助人體移動和做事，心是幫助人體血液運行的重要器官。所以股、肱、心、膂就是幫助首腦生存和做事的重要構造，以此引身爲輔佐君上處理政事，治理國家的臣子。

〔註31〕嚴可均校輯《全上古三代秦漢三國六朝文》（北京市：中華書局，1958），頁3563。

第七章　結　論

　　《古文尚書》的辨偽史，是由主觀的判斷轉變為客觀的拿證據說話。而這樣的辨偽是由宋代的吳棫、朱子開始的，他們「憑主觀感覺到古文可疑」，到明代梅鷟才開始用「考證的方法，拿證據出來證明古文之偽。」〔註1〕梅鷟運用了「分析的觀察，而不是籠統的批判；用客觀的證據，而不是主觀的感覺。〔註2〕」最後將《古文尚書》定讞的閻若璩更是「一言以蔽之，就是『考據的』，也可以說是『實證的』，也可以說是『科學的』。」〔註3〕整個《古文尚書》的考辨過程，包括了存疑、重證以及批判的精神。

　　本文在第三章至第六章中，主要在處理南、北朝散文引用《古文尚書》中的部分，有幾點發現：

　　其一，南北朝文學中共引用了《古文尚書》二十五篇中的二十二篇（包括舜典二十八字），幾乎佔了《古文尚書》中五分之四的篇章，其引用之處不可謂不多。

　　其二，南北朝文學中引用《古文尚書》，有許多是引用《古文尚書》中所紀錄古代的典故，作為文章中的例證。引用之法有明確的說出借用《古文尚書》中之語句。也有略敘《古文尚書》中某篇之大意或其中所敘述之事情，成為典故運用在文章中。

　　其三，南北朝文學中引用《古文尚書》在文章中，除了典故的運用，以討論事務外，尚有成語及詞語的引用，此部分豐富了文章中的文句部分。這

〔註1〕戴君仁《閻毛古文尚書公案》，頁10。
〔註2〕同上，頁22。
〔註3〕同上，頁58。

些文章引用《古文尚書》的詞句，增添了古奧的氣息。

其四，北朝文學中引用《古文尚書》用以討論事務，討論的面向非常的多，如〈周官〉中就分別運用在人事、考績。〈武成〉、〈胤征〉等篇爲軍事方面的文書。

其五，南朝在現今所流存的文章數量上，遠勝於北朝。而這也反映在引用晚出《古文尚書》。南朝所徵引的文章份量多過於北朝許多

其六，晚出《古文尚書》在南朝宋以及北魏初年就已有徵引，因此可看出晚出《古文尚書》流行的時間相當的早。

其七，無論君王、將相、文學家以及僧侶，皆有徵引晚出《古文尚書》，可看出晚出《古文尚書》在南北朝在各階層中已是相當普及的書籍了。

南北朝散文引用《古文尚書》也許不僅僅本文所列出來的這些條目，將來如時間更爲充裕，將重新檢核一遍。讓本篇論文更爲完備。

參考文獻

經部相關著作

1. 題〔漢〕孔安國傳，〔唐〕孔穎達疏《尚書正義》，（台北：藝文印書館，1979 年影印〔清〕阮元文選樓原刊嘉慶 20 年〔1815〕江西南昌府學《重刊宋本十三經注疏附校刊記》本。

2. 〔隋〕陸德明，《經典釋文》台北：台灣商務印書館，1983 年，第一版，通志堂本。

3. 〔唐〕孔穎達疏《尚書正義》台北：藝文印書館，1981 年影印〔清〕阮元文選樓原刊嘉慶 20 年〔1815〕江西南昌府學《重刊宋本十三經注疏附校刊記》本。

4. 〔宋〕林之奇《尚書全解》，〔清〕徐乾學等輯《通志堂經解》第 11 冊，台北：大通書局，1969 年。

5. 〔宋〕王柏《書疑》，〔清〕徐乾學等輯《通志堂經解》第 13 冊，台北：大通書局，1969 年。

6. 〔宋〕蔡沈《書經集傳》，《景印文淵閣四庫全書》第 58 冊，據國立故宮博物院藏本影印，台北：台灣商務印書館，1983 年。

7. 〔元〕許謙《讀書管見》，〔清〕徐乾學等輯《通志堂經解》第 15 冊，台北：大通書局，1970 年。

8. 〔元〕吳澄《書纂言》，〔清〕徐乾學輯等《通志堂經解》第 14 冊，台北：大通書局，1970 年。

9. 〔元〕王充耘《讀書管見》臺北：大通書局，1972，《通志堂經解》第十五冊。

10. 〔明〕梅鷟《尚書考異》，《景印文淵閣四庫全書》第 64 冊，據國立故宮博物院藏本影印，台北：台灣商務印書館，1983 年。

11. 〔明〕陳第《尚書疏衍》,《景印文淵閣四庫全書》第 64 冊,據國立故宮博物院藏本影印。台北:台灣商務印書館,1983 年。

12. 〔清〕閻若璩《尚書古文疏證》,《皇清經解續編》,台北:藝文印書館,1965 年。

13. 〔清〕毛奇齡《古文尚書冤詞》,《景印文淵閣四庫全書》第 66 冊,據國立故宮博物院藏本影印,台北:台灣商務印書館,1983 年。

14. 〔清〕毛奇齡《經問》《景印文淵閣四庫全書》第 191 冊,據國立故宮博物院藏本影印。台北市:臺灣商務印書館,1983 年。

15. 〔清〕江聲《尚書集注音疏》,《續修四庫全書》第 44 冊,上海:上海古籍出版社據湖北省圖書館藏清乾隆 58 年近市居刻本影印,1995 年。

16. 〔清〕王鳴盛《尚書後案》,《續四庫全書》第 45 冊,據華東師範大學圖書館藏清乾隆 45 年禮堂刻本影印,上海:上海古籍出版社,1995 年。

17. 〔清〕皮錫瑞《今文尚書考證》,《續修四庫全書》第 51 冊,上海:上海古籍出版社,1995 年。

史部相關著作

1. 〔漢〕班固《漢書》,台北:洪氏出版社,1975 年 9 月。

2. 〔唐〕魏徵等《隋書》,台北:洪氏出版社,1975 年 9 月。

3. 〔清〕朱彝尊著,許維萍、陳恒嵩等人點校《點校補正經義考》,台北:中央研究院中國文哲研究所籌備處 1997 年 6 月。

4. 〔清〕馬驌《繹史》,北京:中華書局,2002 年 1 月。

5. 〔清〕紀昀等纂《四庫全書總目》,台北:藝文印書館,1997 年 9 月。

6. 〔清〕皮錫瑞、〔民國〕周予同注《經學歷史》,台北:漢京文化事業有限公司,1983 年 9 月 1 日。

7. 瀧川龜太郎《史記會注考證》,台北:大安出版社,1998 年 9 月。

子部相關著作

1. 〔漢〕王充《論衡》(中華書局主編《四部備要·子部》,臺北市:臺灣中華書局,1966 年)〔清〕顧炎武《日知錄》(台中:明倫出版社,1958 年 1 月)。

2. 〔宋〕朱熹,朱傑人,嚴佐之,劉永翔主編《朱子全書》,上海:上海古籍出版社出版,2002 年。

3. 〔宋〕陳振孫《直齋書錄解題》,上海,上海古籍出版社,1987 年。

4. 〔明〕鄭瑗《井觀瑣言》,台北:新文豐出版公司,1985 年。

5. 〔明〕顧炎武《日知錄》,成都:巴蜀書社,1996 年。

6. 〔清〕朱彝尊《曝書亭記》,《景印文淵閣四庫全書》第 1318 冊,台北

市：台灣商務印書館，1983 年。

7. 〔清〕王念孫《讀書雜志》，台北：台灣商務印書館，1978。

8. 〔清〕萬斯同《群書疑辨》，《續四庫全書》第 1145 冊，據中國科學院圖書館藏清康熙十八年楊霖刻本影印，上海古籍出版社，1995 年。

9. 〔清〕章學誠著，倉修良編注《文史通義新編新注》，浙江：浙江古籍出版社，2005 年 10 月。

集部相關著作

1. 〔梁〕蕭統編，〔唐〕李善註《昭明文選》，《四部刊要・集部・總集》，台北：漢京文化出版社，1985 年。

2. 〔宋〕歐陽修《歐陽修全集》台北，河洛圖書出版社，1975 年。

3. 〔宋〕鄭樵，吳懷祺校補《鄭樵文集》，北京：書目文獻出版社，1992 年。

4. 〔元〕吳澄《吳文正公集》，《元人文集珍本叢刊》第 3 冊，台北：新文豐出版公司，1885 年。

5. 〔清〕全祖望《鮚埼亭集外編》《四部叢刊初編集部》第 95 冊，上海商務印書館縮印原刊本，台北：臺灣商務印書館，1967 年。

6. 〔清〕毛奇齡《西河集》，《景印文淵閣四庫全書》第 1321 冊，台北市：台灣商務印書館，1983 年。

7. 〔清〕錢大昕《潛研堂文集》，台北：新文豐出版公司，1996 年。

現代人專著

1. 白壽彝《朱熹辨偽書語》，北平：樸社，1933 年 4 月。

2. 錢穆著《國史大綱》，台北：國立編譯館，1940 年 6 月。

3. 平岡武夫《經書の傳統》東京市：岩波書店，1951 年 1 月。

4. 張舜徽《清人文集別錄》，北京：中華書局，1963 年 11 月。

5. 馬宗霍著《中國經學史》，台北：台灣商務印書館，1966 年 9 月。

6. 王國維《觀堂集林》，台北：河洛圖書出版社，1975 年。

7. 陳新雄、于大成主編《尚書論文集》，1976 年 1 月。

8. 吳璵《新譯尚書讀本》，台北：三民書局，1977 年 11 月。

9. 張西堂《尚書引論》，台北：崧高書社，1985 年 9 月。

10. 金德建《經今古文字考》，濟南：齊魯書社，1986 年。

11. 朱廷獻著《尚書研究》，台北：台灣商務印書館，1987 年 1 月。

12. 蔣善國《尚書綜述》，上海：上海古籍出版社，1988 年 3 月。

13. 傅兆寬《梅鷟辨偽略說及尚書考異證補》，台北：文史哲出版社，1988

年 7 月。

14. 劉起釪著《尚書學史》，北京：中華書局，1989 年 6 月第一版。

15. 林慶彰《清初的群經辨偽學》，台北：文津出版社，1990 年 3 月。

16. 林慶彰《明代經學研究論集》，台北：文史哲出版社，1994 年 5 月。

17. 屈萬里著《尚書集釋》，台北：中國文化大學出版部，1995 年 7 月。

18. 錢穆《中國近三百年學術史》，台北：台灣商務印書館，1995 年。

19. 梁啟超《中國近三百年學術史》附《清代學術概論》，台北：里仁書局，1995 年 2 月。

20. 楊佩昌《章太炎：在蘇州國學講習會的講稿》，北京：中國畫報出版社，1999 年 4 月。

21. 吳雁南等主編《中國經學史》，福州：福建人民出版社，2001 年 9 月。

22. 劉兆祐《中國目錄學》，台北：五南圖書出版公司，2002 年 3 月。

23. 林慶彰主編《五十年來的經學研究》，台北：台灣學生書局，2003 年 5 月。

24. 姜廣輝主編《中國經學思想史》（一、二卷），北京：中國社會科學出版社，2003 年 9 月。

25. 陳夢家《尚書通論》，北京：中華書局，2005 年 6 月。

26. 劉人鵬《閻若璩與古文尚書辨偽：一個學術史的個案研究》，台北縣：花木蘭文化工作坊，2005 年。

27. 陳柱《尚書論略》，《民國時期經學叢書》第二輯，第 29 冊，台中：文听閣圖書，2008 年 7 月。

28. 程元敏《尚書學史》，台北：五南圖書出版公司，2008 年 6 月。

29. 錢穆《中國學術思想史論叢》，上海：三聯書店，2009 年 12 月。

碩博士論文

1. 蔣秋華《宋人洪範學》，台北：台灣大學中文研究所碩士論文，1982 年 6 月。

2. 蔡根祥《宋代尚書學案》上、下冊，台北：台灣師範大學國文研究所博士論文，1994 年 6 月。

3. 劉人鵬《陳第之學術附錄論朱子未嘗疑古文尚書偽作》，台北：台灣大學碩士論文，1988 年 5 月。

單篇論文

1. 李學勤《朱子的尚書學》《朱子學刊》，總第 1 輯，福州：福建人民出版社，1989 年。

2. 李耀仙〈《僞古文尚書》與宋明理學〉,《中華文化論壇》1997 年第 3 期）。

3. 蔡方鹿〈朱熹尚書學析論〉,《孔子研究》1997 年第 4 期。

4. 王健〈《尚書》名稱及其意義辨析〉,《南京高師學報》第 14 卷第 2 期,
   1998 年 6 月。

5. 蔡方鹿〈吳澄的《尚書》學概要〉,收錄在《元代經學國際研討會論文集》,
   頁 337～362,台北：中研院中文哲研所籌備處,2002 年。

6. 楊善群〈古文《尚書》流傳過程探討〉,《學習與探索》2003 年第 4 期。

7. 張強〈司馬遷與《尚書》之關係考論〉,《中國文化研究》2005 年春之卷。

8. 閆寶明〈毛奇齡《古文尚書冤詞》探微〉,《古籍整理研究學刊》2005 年
   第 6 期。